Friedrich Schiller
Don Karlos

Von
Michael Hofmann

Philipp Reclam jun. Stuttgart

Schillers Theaterstück *Don Karlos* liegt unter Nr. 38
in Reclams Universal-Bibliothek vor.

RECLAMS UNIVERSAL-BIBLIOTHEK Nr. 16055
Alle Rechte vorbehalten
© 2007 Philipp Reclam jun. GmbH & Co., Stuttgart
Gesamtherstellung: Reclam, Ditzingen. Printed in Germany 2007
RECLAM, UNIVERSAL-BIBLIOTHEK und
RECLAMS UNIVERSAL-BIBLIOTHEK sind eingetragene Marken
der Philipp Reclam jun. GmbH & Co., Stuttgart
ISBN 978-3-15-016055-8

www.reclam.de

Inhalt

I. Wort- und Sacherklärungen

Personenverzeichnis

Philipp der Zweite, König von Spanien: Der historische Philipp lebte von 1527 bis 1598 und war in erster Ehe mit Maria von Portugal (gest. 1545), der Mutter des Don Carlos (die nach seiner Geburt starb), in zweiter Ehe mit Maria von Schottland (gest. 1558) und in dritter Ehe mit Isabel (Elisabeth) von Valois (1545–68) verheiratet. Die dritte Heirat fand im Jahre 1559 statt. Philipp war also bei der Hochzeit 32 Jahre alt, Don Carlos 15. Der Kronprinz stirbt acht Jahre später (1568, dem Jahr der Handlung) und damit im selben Jahr wie Elisabeth. Carlos ist also ungefähr gleich alt wie Elisabeth; der Vater ist bei seiner Eheschließung 32, im Jahr der Handlung 40. Im Stück erscheint er bedeutend älter, was die ›Unnatürlichkeit‹ seiner Verbindung mit Elisabeth unterstreicht. Philipp erscheint wie in Schillers *Abfall der Vereinigten Niederlande* als starrsinniger Verfechter der katholischen Orthodoxie und des spanischen Herrschaftsanspruchs, gewinnt aber (im Gegensatz zur Geschichtsschrift) aufgrund seiner Zuneigung zu Elisabeth menschliche Züge.

Elisabeth von Valois, seine Gemahlin: Sie war die Tochter Heinrichs II. von Frankreich und der Katharina von Medici, und sie heiratete zur Festigung des zwischen Frankreich und Spanien geschlossenen Friedens von Cateau-Cambrésis (1559) Philipp und nicht Carlos, obwohl dieser ihr Verlobter war. Sie hatte von Philipp zwei Töchter, Clara Eudoxia Eugenia (geb. 1566) und Catarina Micaela (1567). Sie starb nach der Geburt des zweiten Kindes. Schillers Quellen gehen von der historisch nicht bewiesenen Hypothese aus, dass Elisabeth von Philipp vergiftet worden sei. Alle diese Texte betonen die Schönheit und Anmut der Französin.

Don Karlos, der Kronprinz: Er lebte von 1545 bis 1568. Der
historische Carlos war kränklich, fast schwachsinnig,
machthungrig und wegen seines Jähzorns berüchtigt.
Aus diesem Grunde wurde er von den Regierungsge-
schäften ferngehalten. Schillers Quellen idealisieren die
Figur des Thronprinzen aufgrund ihrer antispanischen
Tendenz, die Philipp als Despoten erscheinen lässt.

Alexander Farnese, Prinz von Parma, Neffe des Königs: Es
handelt sich um den Sohn von Philipps Schwester Mar-
garete, der Statthalterin der Niederlande, die 1567 von
Herzog Alba abgelöst wurde. Er wurde von 1559 bis
1565 am spanischen Hof erzogen und gehörte zur engs-
ten Umgebung des Kronprinzen.

Infantin Klara Eugenia, ein Kind von drei Jahren: Die
historische Clara Eugenia wurde 1566 geboren und
starb 1633.

Herzogin von Olivarez, Oberhofmeisterin: nicht in den
Quellen erwähnt.

*Marquisin von Mondekar / Prinzessin von Eboli / Gräfin
Fuentes, Damen der Königin:* Die Mondecar und die
Fuentes werden in den Quellen nicht erwähnt. Anna
Mendoza Prinzessin von Eboli war die Ehefrau des Ruy
Gomez de Silva, Prinz von Eboli. Einige Quellen er-
wähnen ein (historisch nicht belegtes) ehebrecherisches
Verhältnis zu Philipp. Die Zuneigung der Eboli zu Don
Carlos ist eine Erfindung Schillers; seine Zeichnung der
Figur ist das Ergebnis einer eindrucksvollen psycholo-
gischen Einbildungskraft.

Marquis von Posa, ein Malteserritter: Sanchez de Roxas
Henriques, Marques de Posa: Es handelt sich nicht um
eine historisch bedeutsame Person. Die Quellen erwäh-
nen ihn als Günstling des Prinzen und als Freund, der
Carlos warnt, weil dieser beobachtet werde.

Herzog von Alba: Ferdinand Alvarez de Toledo, Herzog
von Alba (1508–82). Er hatte schon unter Karl V. eine
Spitzenstellung am Hofe inne. Er wurde als der beson-

dere Vertraute Philipps zunächst stellvertretend mit Elisabeth getraut. Als oberster Heerführer wurde er 1567 mit allen Vollmachten in die Niederlande geschickt, um den Aufstand der Provinzen gewaltsam niederzuschlagen. Schiller charakterisiert ihn im Drama wie in der Geschichtsschrift als Vollstrecker der despotischen spanischen Politik und trifft damit im Wesentlichen die historischen Fakten.

Graf von Lerma, Oberster der Leibwache: Er wird in den Quellen erwähnt; Saint-Réal betont im Gegensatz zu Mercier seine Sympathie für den Kronprinzen.

Herzog von Feria, Ritter des Vlieses: Er wird in den Quellen erwähnt, bei Watson als Philipps Gesandter in London.

Herzog von Medina Sidonia, Admiral: Alonzo Perez de Gusman, Herzog von Medina Sidonia; der Befehlshaber der Armada, deren Untergang Schiller aus dem Jahre 1588 in das Jahr der Handlung ›vorverlegt‹.

Don Raymond von Taxis, Oberpostmeister: Er wird bei Saint-Réal mit derselben Funktion erwähnt.

Domingo, Beichtvater des Königs: Die Beichtväter der Könige werden in den Quellen erwähnt. Schiller wählt den Namen »Domingo«, um auf den Dominikanerorden, in dessen Händen die Inquisition lag, anzuspielen und um damit diese Institution als Teil des spanischen Repressionssystems zu brandmarken.

Der Großinquisitor des Königreichs: Er ist im Drama die einzige wichtige Figur ohne Namen, obwohl die Quellen die Namen des jeweiligen Groß-Inquisitors oder General-Inquisitors nennen. Damit wird seine Funktion als ›graue Eminenz‹, als anonyme, aber wirksame Macht im Hintergrund, betont.

Der Prior eines Kartäuserklosters: in den Quellen nicht erwähnt.

Ein Page der Königin: in den Quellen nicht erwähnt.

Don Ludwig Merkado, Leibarzt der Königin: in einer Quelle (Ferreras) als Arzt des Königs erwähnt.

Erster Akt. Der königliche Garten in Aranjuez.
Erster Auftritt

Aranjuez: Sommerresidenz des spanischen Königshofes. Philipp II. ließ hier ab dem Jahr 1561 ein Lustschloss erbauen.

9 *zurücke:* übrig.

10 *weigerte:* verweigerte.

11 f. *Toledos Mauern:* Toledo: Hauptstadt Kastiliens, südwestlich von Madrid. Im Jahre 1085 durch Alfons V. (gest. 1109) von den Mauren zurückerobert, 1087–1561 Residenz der Könige von Kastilien. Die spanischen Stände und die Großen des Reiches huldigten hier im Februar 1560 dem Thronfolger Don Karlos.

19 *trunknes:* betrunkenes.

23 *Monde:* Die Zeitspanne zwischen zwei Vollmonden. Im 18. Jh. in der Regel in der Bedeutung von ›Monat‹.

31 *Meine erste Handlung:* Maria von Portugal, erste Ehefrau Philipps II. und Mutter des Don Karlos, starb kurz nach dessen Geburt.

35 *Und meine neue Mutter:* Elisabeth von Valois, die zweite Ehefrau Philipps II.

39 *Sie gab ihm eine Tochter:* Gemeint ist Elisabeths Tochter Klara Eugenia (geb. 1566). Die zweite Tochter Katharina (geb. 1567) findet im Drama keine Erwähnung.

50 *Verwahren Sie sich:* Hüten Sie sich, weisen Sie zurück.

57 *Palastes:* zur Zeit Philipps II. das Hauptgebäude einer Burg.

67 *Beichtiger:* Beichtvater (hier: Domingo).

70 *Gebärdenspäher:* Ausspäher von Mienen und Gebärden.

80 *Purpur:* Farbe der Kardinäle.

89 f. *eingedenk … sein:* berücksichtigen.

102 *bereits zu überhäuft:* bereits mit zu vielen Rechten und Pflichten ausgestattet.

104 *Peters Stuhle:* der Stuhl des Petrus, der Papstthron.

110 *gedungen:* beauftragt.

112 *An seiner Knechte schlechtesten:* Die Diener des Don
Karlos waren von seinem Vater ausgesucht worden.

119 *Madrid:* seit 1560 Hauptstadt der spanischen Monarchie.

124 *Argwohns:* Misstrauen.

125 *Vorwitz:* vorlaute Art.

Zweiter Auftritt

129 *Roderich:* Vorname des Marquis von Posa (span.: Ro-
drigo).

139 *Brüssel:* Hauptstadt der Spanischen Niederlande seit
Karl V., Zentrum des niederländischen Aufstandes.

154 *unterdrücktes Heldenvolk:* die Niederländer.

158 f. *Flandrischen Provinzen:* die Spanischen Niederlande, gleichbedeutend mit den Provinzen Spaniens in
Flandern.

164 *Kaiser Karls:* Karl V. (1500–58), deutscher Kaiser von
1520–56. Trat im Oktober 1555 die Niederlande an seinen Sohn Philipp II. ab, im Januar 1556 Spanien und
Neapel. Er starb am 21. September 1558 im spanischen
Kloster San Jerónimo de Yuste, wohin er sich zurückge-
zogen hatte.

176 *neuen goldnen Alters:* einer neuen Blütezeit in der
Entwicklungsgeschichte der Menschheit. Der Begriff
geht auf Hesiod und Ovid zurück.

191 *Berede dich:* hier: Stell dir vor.

199 *Saitenspiel:* Spiel auf einem Saiteninstrument.

208 *Matrosenkleide:* Seit dem 18. Jh. ist der Matrosenan-
zug eine beliebte Kinderbekleidung.

209 *zween:* zwei.

220 *überhüpfend:* übergehend.

236 *Königin von Böhmen:* Maria von Böhmen, Schwester
Philipps II., spätere Ehefrau von Kaiser Maximilian II.

250 *Hofgesinde:* Bedienstete des Hofes in ihrer Gesamtheit.

261 *Gelübde:* feierliches Versprechen.

277 *Roms Gesetze:* Gesetze der katholischen Kirche.

279 *Stößt fürchterlich auf:* kollidiert unversöhnlich mit.

281 *Blutgerüste:* Gestell für Hinrichtungen.

286 *entdecken:* offenbaren.

289 *Etikette:* Regeln für das Leben bei Hofe. Die spanische Hofetikette und das Hofzeremoniell galten als die
strengsten in Europa.

292 *hohen Schule:* Universität.

296 *Busen:* Zu Zeiten Schillers wurde mit diesem Begriff
sowohl die weibliche als auch die männliche Brust bezeichnet.

307 *Bangigkeit:* Ängstlichkeit.

316 *Bluturteile:* Todesurteile.

326 *Der Hochgebenedeiten:* In Anlehnung an Lukas 1,28
und 42 ist mit diesem Begriff Maria gemeint.

331 *Just:* gerade.

337 *heilig Band:* hier: das Verhältnis zwischen Vater und
Sohn.

343 *in scheitelrechter Bahn:* in senkrechter Bahn.

347 *Furien:* in der römischen Mythologie Rachegöttin-
nen.

350 *labyrinthische Sophismen:* verworrene Trugschlüsse.

352 *gähem:* jähem, steil abfallendem.

362 *gebeut:* gebietet.

379 *Page:* junger Diener.

373 *Heinrichs:* Heinrichs II. (1518–59), Vater Elisabeths,
König von Frankreich seit 1547.

Dritter Auftritt

398 *meine ländliche Natur:* Elisabeth wuchs in Fontaine-
bleau in ländlicher Umgebung auf.

399 *Busenfreundin:* sehr enge Freundin.

402 *Verargen:* verübeln.

405 *la Trappe:* entlegenes Zisterzienserkloster in der Nor-

mandie, in dem äußerst strenge Ordensregeln (u. a. Schweigegelübde) gelten; Gründungskloster des Trappistenordens.

410 *Pardo:* königliches Jagdschloss nördlich von Madrid.

414 *auf immer mich des Streits begeben:* den Streit für alle Zeiten aufgegeben.

415 *mit Nächstem:* nächstens.

417 *Plaza Mayor:* großer Platz in Madrid, der für die Vollstreckung von Urteilen der Inquisition und für Stierkämpfe benutzt wurde.

418 *Autodafé:* Verbrennung auf dem Scheiterhaufen aufgrund eines Glaubensurteils der Inquisition.

421 *Ketzer:* Irrgläubige, Gotteslästerer.

428 *deucht mir:* denke ich.

435 *Gomez:* tritt hier als Bewerber um die Hand der Prinzessin Eboli auf.

451 *aufgeopfert werden:* Die Prinzessin Eboli spielt hier möglicherweise auf die Ehe der Königin an.

463 *Infantin:* Prinzessin (hier: Clara Eugenia).

472 *Regentin Mutter:* Königin Katharina von Medici (1519–89). Nach dem Tod ihres Ehegatten Heinrichs II. im Jahr 1559 führte sie im Namen ihrer minderjährigen Söhne (Franz II., gest. 1560; Karl IX., gest. 1574 und Heinrich III., 1575–89) über lange Jahre die Regentschaft in Frankreich.

475 *Grande:* Angehöriger der höchsten spanischen Adelsklasse.

Vierter Auftritt

483 *Chevalier:* hier: französischer Malteserritter.

486 *Ritterspiel zu Reims:* Feier anlässlich der Eheschließung Philipps II. mit Elisabeth, 1.–3. Juni 1559.

491 *Louvre:* Königspalast in Frankreich, im Rahmen der Französischen Revolution in ein Kunstmuseum umgewandelt.

514 f. *Und viele Länder, vieler Menschen Sitte gesehn:* vgl.
Homers *Odyssee* I,3: »Vieler Menschen Städte gesehn
und Sitte gelernt«.

524 *Händel:* Auseinandersetzungen, Streitigkeiten, Beschäftigungen.

546 *Legat:* Vermächtnis.

553 *Mirandola:* Stadt in Oberitalien.

555 *Gibellinen:* Anhänger des Kaisers (im mittelalterli-
chen Italien).
Guelfen: Anhänger des Papstes (im mittelalterlichen
Italien).

583 *vor dem Altare:* durch Eheschließung.

588 *bachantisches:* ausgelassenes, trunkenes. Der Begriff
spielt auf den römischen Gott des Weines, Bacchus, an.

589 *Reigen:* von Gesang begleiteter Tanz im Kreis.

597 *auf immerdar:* für alle Zeiten.

605 *Angedenken:* Andenken, Erinnerung.

607 *Beschluss:* Schluss.

609 *erbricht:* öffnet.

Fünfter Auftritt

635 *Verwegne:* verwegene, mit hohem Risiko verbundene.

653 *meine Kerkermeister:* hier: der Hofstaat.

654 *Zeitung:* Nachricht. Erst ab dem 19. Jh. wird dieser
Begriff für gedruckte Nachrichtenblätter verwendet.

685 *Du:* Don Karlos' Anrede richtet sich an die Vorsehung.

688 *Wer dieser Ehe Stifter war:* Die Ehe zwischen Elisabeth und Philipp wurde aus politischen Gründen ge-
schlossen.

740 *Eskurial:* unter Philipp II. errichteter Komplex aus Königspalast, dem Kloster San Lorenzo und der Totengruft
für das spanische Königshaus (gewöhnlich »Escorial«).

750 *Jetzt ist der Wurf gefallen:* sinngemäß: Jetzt sind die
Würfel gefallen.

772 *Parteilich:* parteiisch.

776 *Billigkeit:* Rechtmäßigkeit, Richtigkeit.

786 *prassen:* schwelgen, schlemmen.

787 *Mündels:* unter Vormundschaft stehende Person. In diesem Fall ist Spanien gemeint.

792 *Wollust:* starkes Lustgefühl (auch ohne sexuelle Konnotation).

798 *in der Allmacht Hand:* in der allmächtigen Hand Gottes.

Sechster Auftritt

816 *Wen traf der Rang …?:* Wer war an der Reihe …?

817 *zürnen:* zornig sein.

818 *Geheiß:* mündliche Anordnung.

824 *zwote:* zweite.

825 *Ich fühle, dass ich strafbar bin:* Ich fühle, dass ich eine Verfehlung begangen habe.

826 *zehen:* zehn.

841 *Denkmal:* hier: Andenken.

850 *Vasallen:* Gefolgsleute.

853 f. *die Herzen meiner Völker in meinen fernsten Himmelsstrichen:* Das Reich Philipps II. spannte sich um den gesamten Teil der damals bekannten Erde.

862 *Die Sonne geht in meinem Staat nicht unter:* Dieser Ausspruch bezieht sich ebenfalls auf die gewaltigen räumlichen Dimensionen des spanischen Königreiches.

868 *Sire:* Anrede an den König oder einen der königlichen Prinzen.

873 *mir fürchterlich zu werden:* sinngemäß: mir große Sorgen zu bereiten.

881 *Cherub:* himmlischer Wächter, vgl. 1. Mose 3,24.

895 *schauerndes:* furchterregendes.

897 *Eid:* Die spanischen Könige geloben bei ihrer Krönung, für die Interessen des Glaubens einzutreten. Philipp II. schwor, Beschützer der Inquisition zu sein.

898 *lös ich morgen:* lös ich morgen ein.

Siebenter Auftritt

904 *Kabinet:* kleines Arbeits- und Beratungszimmer von
    Adligen.
905 *Gouverneur:* Statthalter.
909 *weigern:* verweigern.

Achter Auftritt

923 *macht Miene sich zu entfernen:* will sich entfernen.

Neunter Auftritt

931 *Possenspiel:* einfaches und lustiges Theaterspiel.
940 *Larve:* hier: Maske.
956 *Götzen:* Personen, Tiere oder Gegenstände heidni-
    scher Verehrung.
959 *Peru:* Die Stelle bezieht sich auf die Unterwerfung
    Perus durch Francisco Pizarro ab dem Jahr 1532.
966 *kranke:* schwache.
970 *Gemälde:* Bild, Beschreibung, Darstellung.
975 *schwelgenden:* intensiv genossenen.
995 *dermaleinst:* dereinst, in ferner Zukunft.
1002 *Genius:* schöpferischen Geist.
1009 *Einwurf:* Einwand.

Zweiter Akt. Im königlichen Palast zu Madrid.
Erster Auftritt

vor 1015 *Thronhimmel:* über dem Thron angebrachte,
    verzierte, zeltartige Decke mit prächtigen, meist aus Sei-
    de und Goldstoff bestehenden Behängen.
1033 *unberufen:* unaufgefordert.
1037 *Diadem:* Schmuckstück, das Frauen im Haar oder
    um die Stirn tragen.

Zweiter Auftritt

1051 *Kreaturen:* Geschöpfe; hier: abfällige Bezeichnung für Personen, die sich in einem Abhängigkeitsverhältnis befinden.

1055 *Wallungen:* Erregungen.

1064 *Dreimalheilige:* ehrvolle Bezeichnung für Gott in seiner Dreifaltigkeit.

1067 *Gaukelspiel:* falsches Spiel, Taschenspielerkunst.

1068 *Vollends:* zu Schillers Zeiten die Steigerung von »voll«.

1075 *schimpflich:* schändlich.

1078 *Missverstand:* Missverständnis.

1082 *benetzten:* feucht gewordenen.

1096 *Verscherztes:* durch Scherz vertanes (Leben).

1100 *Vermessner:* Anmaßender.

1106 *Mietling:* Söldner, Lohnarbeiter.

1122 *Rosenbahn:* eine mit Rosenblättern bestreute oder von Rosensträuchern eingefasste und daher angenehm zu durchlaufende Bahn. Der Begriff hat bei Schiller eine bildliche Bedeutung.

1132 *Stab:* Ein Stab war das Zeichen geistlicher (Krummstab) und weltlicher Befugnis (Richterstab).

1134 *der Allwissende:* Gott.

1136 *Zepters:* eines reich verzierten Goldstabs, den Könige und Kaiser als Zeichen ihrer Macht tragen. Der Text will an dieser Stelle den Ausschluss des Don Karlos von der königlichen Macht zum Ausdruck bringen.

1137 *billig:* recht.

1143 *Potentaten:* adlige Machthaber.

1157 *Des hohen Pfundes Zinsen:* Lohn.

1164 *Brabant:* Hauptland der spanischen Niederlande mit der Hauptstadt Brüssel; durch die Ehe Maximilians mit Maria von Burgund seit 1477 im habsburgischen Besitz.

1166 *Heischt:* verlangt, erfordert.

1169 *souveräner:* deutlicher, unumschränkter.

1177 *Will:* fordert.

1183 *Steh ab:* Nimm Abstand.

1188 *verheeren:* zerstören, verwüsten.

1191–93 *Und zugleich … meinem Mörder?:* Philipp verdächtigt Karlos, seinen Sturz vorantreiben zu wollen.

1199 *Entlassen sein:* hier: verabschiedet sein, die Erlaubnis haben, sich zu entfernen.

1210 *Grandezza:* die einer strengen Etikette folgende Gesamtheit des spanischen Hofadels.

1211 *sünderbleiche:* so bleich wie der zum Tod verurteilte Armensünder.
Zunft: (Handwerks-)Gemeinschaft.

1217 *Pfande:* hier: Beweis.

1229 *ungesäumt:* sofort, ohne zierenden Saum am Mantel.

1236 *Geschäft:* hier: Staatsgeschäft.

Dritter Auftritt

1237 *Seid jede Stunde des Befehls gewärtig:* Erwartet jede Stunde den Befehl.

1241 *Urlaub:* zur Zeit Schillers: Erlaubnis, sich zu entfernen; Synonym für Abschied.

nach 1250 *entfärbt sich:* erbleicht.

1254 *schwarzem Anschlag:* unheilvollem Attentat.

1256 *Künftighin:* in Zukunft.

Vierter Auftritt

1270 *offenherzig:* offenen Herzens.

1274 *Saint Quentin:* In der Schlacht von St. Quentin (Nordfrankreich) im Jahr 1557 besiegte das spanisch-niederländische Heer unter Führung des Grafen Egmont die Franzosen.

1276 *Henarez:* Fluss, der durch die unweit von Madrid gelegene Stadt Alcalá de Henares fließt. Alcalá ist die

Geburtsstadt von Miguel de Cervantes (Autor des *Don Quijote*, 1547–1616).

1310 *mich finden:* mich beruhigen.

1323 *Nattern:* Giftschlangen.

1326 *Tor:* Narr.

1341 *tauben:* stumpfen, abgestorbenen, gehörlosen, verstockten.

Fünfter Auftritt

1347 *schicklichste:* der Situation angemessenste, passendste.

1363 *Das nimmt mich wunder:* Das verwundert mich.

1370 *Ironie:* feiner Spott, bei dem das Gegenteil des Gesagten zum Ausdruck gebracht werden soll.

1377 *schlechterdings:* durchaus, einfach.

1381 *Sie nehmen gute Jahrszeit mit:* Sie reisen zu einer guten Jahreszeit.

1385 *Junius:* Juni.
Julius: Juli.

1397 *gebricht:* mangelt.

1405 *Ihrer Mutter:* Maria von Portugal.

1415 *Zwei Tropfen:* Gemeint ist das Salböl, das bei der Krönung von Königen verwendet wird.

1417 *Verdienstes Stolz:* Stolz auf die eigenen Leistungen.

1421 *Amme:* Frau, die ein fremdes Kind nährt und betreut.

1427 *Gekreuzigten:* Jesus Christus.

1440 *zeitig:* früh.

1442 *Ende aller Tage:* Tag des jüngsten Gerichts.

1443 *Langmut:* lange zusehende Gemütsstimmung, abgeleitet vom lat. *longanimitas*, hier: Großzügigkeit, Gnade.

1446 *sonder:* ohne.

1450 *Blutsentenzen:* Todesurteile.

1454 *Meinung:* hier: Absicht.

Sechster Auftritt

1462 *Bloße:* gezogene, sich nicht in der Scheide befinden-
de.
1462 *gebietender:* bestimmender.
nach 1462 *sinnlos:* ohne Sinneseindrücke.

Siebenter Auftritt

vor 1465 *in einem idealischen Geschmack:* in einem im
Gegensatz zum Realen stehenden, also an idealen Vorstellungen ausgerichteten Geschmack. Gemeint ist eine
zeitlose, der antiken griechischen Tradition folgende
Kleidung.
Laute: sechs- oder elfsaitiges Streichinstrument.
1474 *nahm:* benahm.
1483 *Billet:* kurzer Brief.
1484 *stutzte:* unterbrach seine aktuelle Handlung, hielt
inne, zögerte, horchte.
1486 *Frauenzimmer:* Frauen aus dem Kollektiv der weib-
lichen Dienerschaft, dem Gefolge der Fürstin. Seit dem
17. Jh. auch für Einzelpersonen gebräuchlich.
1499 *plaudern:* ausplaudern.
1522 f. *wie falsch man dich berichtet hat?:* wie falsch man
dir berichtet hat?

Achter Auftritt

vor 1537 *Ottomane:* breites und niedriges Sofa; nach tür-
kischer Bauart ohne Lehne.
1545 *Mich deucht:* mir scheint.
1553 *bis zur Raserei:* bis zu einem wütenden Toben.
nach 1600 *Galanterie:* schmeichelhaftes Verhalten gegenüber Damen.
1602 *Rosenwangen:* rosige Wangen.
1612 *lauten:* offenkundigen.

1621 *Bestochne Richter:* der Begriff ist im übertragenen Sinne zu verstehen. Gemeint sind Richter, die zu stark von Karlos' Persönlichkeit beeindruckt sind.

1624 *bemerkte:* kurz wahrnahm.

1627 *Und Götterglück verschenken muss:* Karlos kann als Herrscher die Untertanen ebenso beglücken wie einzelne Personen, womit die Prinzessin Eboli auf sich selbst anspielt.

1630 *elend sein:* viel Kummer haben, bedrückt sein.

1632 *die Augen ihm versagen:* ihn nicht erkennen lassen.

1660 *meine Sporen zu verdienen:* mich zu bewähren.

1665 *Schlangenwindung:* Windung, wie eine Schlange sie macht; ausweichende Haltung bzw. Äußerung.

1710 *heil'gen Jungfrau:* Jungfrau Maria.

1714 *vor dem heilgen Amte:* vor der heiligen Messe, vor dem Hochamte.

1720 *Feuerküsse:* feurige Küsse.

1740 *schlangenglatten:* aalglatten.

1743 *Blödigkeit:* Dummheit, Einfältigkeit, Schwächlichkeit, hier: Schüchternheit.

1759 *Handelsmann in Süden:* Anspielung auf Philipp II., der wegen politischer Vorteile Elisabeth, die bereits für Don Karlos bestimmt gewesen war, geheiratet hatte. Vielleicht aber auch eine Reminiszenz an Psalm 91,5 f., in dem es heißt: »Non timebis a timore nocturno [...] et daemonio meridiano« (»Dass du nicht erschrecken musst vor dem Grauen der Nacht ... und vor dem Dämon des Südens«). Mit dem Dämon des Südens wurde im 16. Jh. auf Philipp II. angespielt.

1768 *Vernünftelei:* unrichtiger, unpassender Gebrauch der Vernunft.

1777 *dem großen Kaufmann gleich:* Schiller spielt an auf die Erzählung von einem jüdischen Kaufmann, die er in Eschenburgs Shakespeare-Übersetzung in einer Anmerkung zur letzten Szene des *Othello* gefunden hat. Der Jude brachte eine Menge Perlen nach Venedig, die er alle verkaufte, bis auf eine sehr große, die niemand zu diesem Preis kaufen wollte. Er weigerte sich jedoch, sie unter ihrem Werte abzugeben, und warf sie lieber vor den Augen der auf dem Rialto versammelten Kaufleute ins Meer.

1778 *Rialto:* bekannteste Brücke Venedigs, bis zum 19. Jh. die einzige über den Canale Grande.

1783 *Grille:* Laune.

1791 *Schäferstunde:* heimliche Stunde der Zusammenkunft zweier Verliebter, während der sie sich dem Liebesgenuss hingeben.

1807 *Phantom:* Trugbild, Sinnestäuschung.

1814 f. *Ich stehe ganz Ohr:* Ich stehe und bin ganz Ohr.

1820 *Pfaffen:* Priester (abwertend).

1831 *Grazie:* Anmut.

1846 *lautern:* reinen, puren.

1877 f. *einen Gewissen:* eine bestimmte Person.

nach 1882 *frohlockend:* triumphierend.

Neunter Auftritt

1890 *Verdrungen:* verdrängt.

1891 *Nebenbuhlerin:* eine Frau, die sich in Konkurrenz zu einer anderen Frau um die Liebe eines Mannes bemüht.

1896 *Verkriecht sich:* verschwindet.

1900 *jauchzten:* stießen Freudenlaute aus.

1929 *Proben:* Beweise.

1937 *Wallung:* Bewegung des Blutes.

1939 *An beiden Tafeln:* am Tische des Philipp und am Tische des Don Karlos.

1940 *schaugetragen:* zur Schau getragen.

1943 *ungerochen:* ungerächt.

1948 *Weg zu seinem Ohre:* Weg, Gehör bei ihm zu finden.

Zehnter Auftritt

1955 *erhitzten uns:* gerieten in eine Auseinandersetzung.

1957 *Getöse:* Lärm.

1959 *despotischer:* herrischer, rücksichtsloser, keinen Widerspruch duldender.

1966 *flohe:* flüchtete vor.

1975 *misslich:* unangenehm.

1976 *fehlt:* verfehlt.

1978 *Hostie beschwören:* Ein Schwur auf eine Hostie ist für einen Geistlichen wie Domingo die höchste und heiligste Form der Wahrheitsbekundung.

1979 *erhaschtes:* aufgeschnapptes.

1989 *Am besten glückte:* am ehesten gelingen könnte.

2002 *hintangesetzt:* hinten angesetzt, nicht berücksichtigt.

2017 *Toledo:* Anrede an Ferdinand Alvarez de Toledo, Herzog von Alba.

2018 *Regent:* Staatsoberhaupt, Herrscher.

2020 *neue Tugend:* Gemeint ist eine auf Vernunft basierende Grundhaltung, die religiösen Dogmen eine Absage erteilt.

2024 *Chimäre:* Hirngespinst; abgeleitet vom griechischen *chimära* (eigtl. Ziege, in der griechischen Mythologie ein feuerspeiendes Ungeheuer göttlicher Abstammung, das vorn Löwe, in der Mitte Ziege, hinten Drache ist und das Land verwüstet).

2029 *Trifft ihn … die Reihe:* ist er an der Reihe.

2035 *Mut:* Stimmung, Einstellung.

2036 *abzumatten:* zu ermatten.

2042 *Neuerer:* Erneuerer, Reformer.

2044 *Valois:* Das französische Königshaus seit dem Jahr 1328. Im Jahr 1589 folgt darauf die Dynastie der Bourbonen.

2058 *Noch Sie, noch ich:* weder Sie noch ich.

2061 *mangelt:* fehlt.

2064 *wuchert:* entspricht.

2071 *ein span'sches Mädchen:* Gemeint ist Prinzessin Eboli.

2074 *Streich:* urspr. Hieb, Schlag; später vornehmlich im übertragenen Gebrauch verwendet.

2075 *Dominikaner:* Gemeint ist die Mitgliedschaft Domingos im Dominikanerorden.

Elfter Auftritt

2094 *Anerbieten:* Angebot.

2095 *Laune:* momentane, vorübergehende Stimmung.

2111 *zu ergrübeln:* mühsam durch langes Überlegen herauszufinden.

2115 *obschon:* obgleich.

2116 *Dass Fälle möglich wären ...:* In Wahrheit waren derartige Fälle nach Kirchenrecht unter keinen Umständen möglich.

2127 *Entrüstung:* Empörung, Zorn.

2135 *Diebin:* Gemeint ist Elisabeth.

Zwölfter Auftritt

2152 *minder:* weniger.

2166 *Gespielin:* Spielgenossin, Jugendfreundin; allgemeiner auch Gefährtin, Freundin.

2183 *Gemache:* ein bequemer Raum, beispielsweise ein Schlafgemach. Vgl. auch ›gemächlich‹.

2203 *Kinderpossen:* Kindereien.

Vierzehnter Auftritt

vor 2221 *Kartäuserkloster:* Kloster des Kartäuserordens, dessen Regeln ein enthaltsames Einsiedlerleben und ein Schweigegelübde vorsehen, welches nur zu besonderen Anlässen gebrochen werden darf.

2228 *Mansanares:* Fluss nahe Madrid.

2231 *Redlichkeit:* mit großem Ernst verinnerlichte gute Absichten.
2240 *zugeschworen:* geschworen.
2251 *Freistatt:* kirchliche Zufluchtsstätte, die auch flüchtigen Kriminellen offen steht.
2261 *große Reise:* Gemeint ist der Tod.
2265 *Hora:* klösterliches Stundengebet.

Fünfzehnter Auftritt

2318 *Abgott:* Götze, heidnischer Gott; zu Schillers Zeiten indes Begriff für alles Vergötterte.
2330 *Eigennutz:* eine Haltung, die am eigenen Vorteil orientiert ist.
2332 *Ideale:* Verkörperung von Vollkommenheit.
2334 *Grazie:* Anmut, Freundlichkeit.
2335 *Hülfe:* Hilfe.
2337 *Süd:* Südwind.
2343 *angeschrieben:* als Schuld festgehalten.
2352 *Lasters:* moralischen Fehlverhaltens.
2356 *Glorie:* Ruhm, Ehre, Herrlichkeit, Glanz; abgeleitet von lat. *gloria.*
2367 *einbedungen:* einberechnet.
2420 *Provinzen:* die spanischen Niederlande.
2434 *Tyrannei:* Gewalt- und Alleinherrschaft; abgeleitet von lat. *tyrannus* und griech. *tyrannis.*
2447 *zeihen:* anklagen, beschuldigen, bezichtigen.
2457 *»ein Anschlag ... darf«:* Anstoß, Gedanke. Vermutlich handelt es sich hier um einen wichtigen politischen Grundsatz, den Posa schon früher gegenüber Don Karlos vertreten hatte, deshalb die Anführungszeichen.
2459 *zehntausendmal vereitelt:* selbst wenn er zehntausend Mal vereitelt wird.
2468 *Sei auf deiner Hut:* Sei vorsichtig.

3. Akt. Das Schlafzimmer des Königs.
Zweiter Auftritt

2502 *Eskurial:* vgl. V. 740.

Dritter Auftritt

2568 *Vasall:* lat. *vassus* ›Lehnsmann, Untertan, Abhängiger‹.

Vierter Auftritt

2683 *unberufen:* nicht gewünscht, nicht gerufen.

Fünfter Auftritt

2809 *gute Vorsicht:* die Vorsehung, auch Gott.
2827 *Hoheit:* schon sehr früh ebenso wie »Majestät« als Bezeichnung eines Ranges zum Titel geworden.
2828 *Schreibtafel:* ein Notizbuch.

Siebenter Auftritt

2866 *Bedeckt euch!:* Dass Philipp den Granden erlaubt, ihre Hüte aufzusetzen, ist Ausdruck seiner milden Stimmung, da dem Hofzeremoniell zufolge die Untergebenen sich dem König mit unbedecktem Haupt zu nähern hatten. In den Quellen wird berichtet, dass Philipp die Distanz zwischen sich und dem Adel immer sehr stark betont habe.
2872 f. *Großkomtur des Ordens von Calatrava:* Großmeister des Calatravaorden. C. war ein span. Ritterorden, der 1158 gegründet wurde, um die Stadt Calatrava gegen die Mauren zu verteidigen; er bestand aus Geistlichen und Laien unter Führung des Zisterzienserabtes Raimundo von Fitero und Diego Velasquez. Der Orden

lebte nach der Zisterzienserregel und setzte sich aus
zwei Gruppen zusammen, einer geistlichen und einer
weltlichen. 1498 wurde die Verwaltung des Ordens
durch eine Bulle Innozenz' VIII. Ferdinand dem Katholischen übergeben. Hadrian VI. (1522/23) übertrug
die Großmeisterwürde der Orden von Alcantara, Calatrava und Santiago der span. Krone. Die Ernennung der
Ritter wurde zu einer Gnadensache des Königs zur Be-
lohnung des Adels.

2904 *Soliman:* Soliman bzw. Suleiman II. (1495–1566),
auch »Süleyman der Prächtige« genannt, einer der mächtigsten türkischen Herrscher, seit 1520 Sultan, be-
herrschte mit seiner Flotte nach und nach den gesamten
Mittelmeerraum.

2905 *Alkalas hoher Schule:* Alcalá de Xenares, östl. von
Madrid, die damals berühmteste Universität in Spanien.
Saint-Réal schreibt, Karlos' Aufenthalt in Alkala sei eigentlich eine Verbannung vom Hof gewesen, weil er
sich Philipp und der Inquisition gegenüber aufsässig be-
nommen hatte, als diese gegen den der Ketzerei ver-
dächtigten Beichtvater und Hofprediger Karls V. einen
Prozess führten.

2910 f. *Piali ... und Hassem:* Kommandanten und Unter-
stützer des türkischen Heeres.

Neunter Auftritt

2970 *Despoten:* griech. *despótes* ›unumschränkter Herrscher‹; 1. Gewaltherrscher. 2. herrischer Mensch, Tyrann.

2972 *grillenhaft:* wunderlich, seltsam, eigenartig.

Zehnter Auftritt

3161 *Flamändern:* Holländern.

3174-77 *Mit offnen Mutterarmen ... Britannien:* Viele

Flüchtlinge gingen nach England, wo sie von Königin
Elisabeth gut aufgenommen wurden und freie Religi-
onsausübung genossen.

3178 *Grenada:* spanische Provinz (gewöhnlich »Gran-
ada«), hier stellvertretend für den Wohlstand ganz Spaniens.

3191 *Nero und Busiris:* Nero, römischer Kaiser, wurde
vor allem wegen seiner grausamen Christenverfolgung
zum Symbol tyrannischen Schreckens; Busiris, ein sa-
genhafter ägyptischer König.

3242 *Gewuchert hatte:* Gewinn gebracht hatte.

3270 *Inquisition:* Untersuchung durch Institutionen der
katholischen Kirche und daraufhin durchgeführte staat-
liche Verfolgung der Häretiker (Menschen, die von der
offiziellen Kirchenlehre abweichen, Ketzer).

4. Akt. Saal bei der Königin.
Erster Auftritt

3356 *erbrechen:* aufbrechen.

3371 *Tabouret:* Schemel, Hocker, Sitz ohne Lehnen.

Dritter Auftritt

3393 *Sekte:* Bezeichnung für eine kleinere, von der christlichen Kirche abgespaltene religiöse Gemeinschaft.
prahlerische Tracht: das prahlerische Gehaben des Son-
derlings.

3399 *zeihn:* zeihen: bezichtigen, beschuldigen.

3405 *Zweideutelei:* Verbindung aus »zweideutig« und
»deuteln« (kleinlich argumentieren).

3425 *Ambassadeur:* (frz.) Botschafter.

3473 *Losung:* Parole; seit dem 15. Jh. gebraucht als Bezeichnung für das Erkennungswort unter Soldaten.

3488f. *Dort einen Egmont … Kaiser Karls:* In der Schlacht

bei St. Quentin zwischen Frankreich und Spanien am 10. August 1557 führte Lamoral Graf von Egmont (1522–68) die spanische Reiterei. Philipp empfing Egmont »auf das freundschaftlichste, und gab seine Dankbarkeit für den ihm geleisteten wichtigen Dienst mit einer Empfindsamkeit und Freude zu erkennen, die er selten zu entdecken gewohnt war« (Watson I, S. 66 f.). Als Egmont an der Seite Wilhelms von Oranien die Rechte der Niederländer verfocht, ließ Philipp ihn durch den Herzog von Alba gefangen nehmen und enthaupten.

3495 *Savoyen:* Fürstentum in den Westalpen mit der Hauptstadt Turin.

Vierter Auftritt

3556 *goldnen Angel:* Haken; urspr. mask.; so noch bis ins 18. Jh.

Neunter Auftritt

3696 *Saint Germain:* Saint Germain-en-Laye bei Paris, die Residenz der französischen Könige.

3732 *Kastilien:* Hier steht der Name dieser Provinz für Spanien überhaupt. Isabella von Kastilien (1451–1504) vereinigte durch ihre Heirat mit Ferdinand II. von Aragonien (1452–1516) die beiden Länder zum spanischen Reich.

3735 *Delinquenten:* Verbrechers (vgl. lat. *delinquentia* ›Verbrechen‹).

Zwölfter Auftritt

3843 *Portefeuille:* (frz.) Brieftasche.

3849 *Tacitus:* Cornelius Tacitus (um 55 n. Chr. – nach 115), röm. Historiker.

3866 *verruchtes Bubenstück:* schändlicher Streich, Missetat.

Dreizehnter Auftritt

3943 *Schattenriss:* Scherenschnitt; anachronistisch, denn dieser kam erst im 17. Jh. in Mode.

Fünfzehnter Auftritt

4060 *Zeitung:* vgl. Anm. zu V. 654.

Sechzehnter Auftritt

4102 *Es gilt um:* Es geht um.

Siebzehnter Auftritt

4122 f. *das bin ich sehr gesonnen:* das habe ich vor.

Neunzehnter Auftritt

4189 *zeihte:* beschuldigte. Vgl. Anm. zu V. 2247.

Einundzwanzigster Auftritt

4225 *Des Zufalls ... zu regieren:* Den Zufall zu beherrschen.

4227 *es ist billig:* es geschieht zu Recht.

4230 *des Richters:* hier: Gottes.

4231 *Die letzten Tropfen:* Gemeint sind Tropfen des Lebens.

4242 *in Wechseln:* Wertpapiere, Zahlungsanweisungen.

4247 *Könnt es an Muße mir gebrechen:* Könnte mir die Zeit fehlen.

4248 *abzutun:* auszumachen, zu regeln.

4297 *zuvor gesagt:* vorhergesagt.

4356 *Eskurial:* vgl. Anm. zu V. 740.

Zweiundzwanzigster Auftritt

4399 *ist für niemand:* ist für niemand zu sprechen.

4416 f. *An den Prinzen von Nassau und Oranien:* Das
südfrz. Fürstentum Orange (Oranien) kam 1530 an die
Grafen von Nassau-Dillenburg.

Dreiundzwanzigster Auftritt

4448 *Saragossa:* Hauptstadt der gleichnamigen Provinz in
Aragonien (Nordspanien).

4451 *den Malteser:* Malteserritter: Angehöriger des Johanniterordens, des ersten und ältesten geistlichen Rit-
terordens »vom heiligen Johannes zu Jerusalem«, der im
11. Jh. in Jerusalem zur Pflege der Kranken gegründet
wurde. Im 12. Jh. kam die Verpflichtung zum Kampf
gegen die Ungläubigen und der Schutz der Pilger als
Aufgabe hinzu. Der Orden residierte von 1530 bis
1798 in Malta.

4454 *Kortes:* die Ständevertretung in Spanien, seit dem
12. Jh., aus dem von Geistlichen und Fürsten zusam-
mengestellten Hofrat entstanden, später um städtische
Vertreter erweitert, im 16. Jh. von den absolut regieren-
den Monarchen weitgehend entmachtet.

4467 *Verziehen Sie:* Bleiben Sie noch.

Vierundzwanzigster Auftritt

4485 *Te Deum:* lat. *te Deum laudamus* (Gott, dich loben
wir), Hymnus nach Worten des Kirchenvaters Ambro-
sius (340–397), Bestandteil der katholischen Messe.

Fünfter Akt. Ein Zimmer im königlichen Palast.
Erster Auftritt

vor 4488 *abgesondert:* abgetrennt.
wird den Marquis gewahr: nimmt die Anwesenheit des
Marquis wahr.
4509 *umsonst:* vergebens.
4526 *Weltkluge:* lebenskluge, hinsichtlich irdischer Dinge
kluge, staatskluge, politisch geschickte.
4540 *Portefeuille:* vgl. Anm. zu V. 3843.
4559 *jetzt wird alles Licht:* alles wird klar, die Wahrheit
kommt ans Licht.

Zweiter Auftritt

4563 *die Gnade:* das Privileg, die Gunst, die Ehre.
4564 *Gefangen eingesetzt:* gefangen gesetzt.
4578 *Huld:* Zuneigung eines Höheren gegen einen Niede-
ren, Gnade.
4581 *aus solcher Hand:* aus der Hand Albas.
4582 *keinen Anstand nehmen:* keinen Einwand erheben;
erst seit dem 18. Jh. wird der Begriff »Anstand« aus-
schließlich für korrektes und schickliches Betragen verwendet.

Dritter Auftritt

4617 *toten:* kraftlosen, regungslosen.
4620 *Kartäusern:* vgl. Anm. vor 2221.
4629 *regierte das Komplott:* leitete das Komplott, leitete
die Verschwörung.
4631 *Tat:* Einverständnis zwischen Karlos und der Königin.
4632 *versichern:* sichern.

4634 *dir kräftiger zu dienen:* um dir dadurch kräftiger dienen zu können.

4641 *Wahn:* zu Schillers Zeiten Erwartung, Hoffnung, Verdacht, Meinung, unsichere Annahme, Einbildung.

4642 *Wagestück:* gefahrvolle, kühne Tat.

4650 *das Schrecken:* das Erschrecken.

4677 *selbst der Schuldige zu scheinen:* selbst als der Schuldige zu erscheinen.

4682 *macht den Tyrannen stutzen:* bringt Philipp dazu zu zögern.

4695 *Durch ihre Hand:* durch ihre Hilfe.

4700 *Flandern:* ehemalige ndl. Grafschaft an der Nordsee, welche an Zeeland, Brabant, Hennegau, die Picardie und Artois grenzte. Nach dem Tod von Ludwig, dem letzten Grafen von Flandern, im Jahre 1384 wurde Flandern mit Burgund vereinigt und kam nach dem Tode Karls des Kühnen von Burgund durch dessen Erbtochter Maria von Burgund 1477 an das habsburgische Haus (spanische Linie).

4712f. *Indem ich hier verweile, dingt er schon die Mörder:* Während ich hier verweile, beauftragt er schon die Mörder. Vgl. Anm. zu V. 110.

4717 *ein Knabe:* als ein Knabe.

4718 *Vorsicht:* hier wohl eher Voraussicht (mit Bezug auf Posa).

4719 *Beruf:* zu Schillers Zeiten noch gleichbedeutend mit »Berufung«.

Vierter Auftritt

4735f. *Deine Bitte hat stattgefunden:* Deiner Bitte ist entsprochen worden.

4745 *Fürchtet:* befürchtet.

4747 *Brandmal:* durch Verbrennung hervorgerufener Fleck bzw. Narbe auf der Haut.

4751 *Steckt eure Schwerter ein:* Anklang an Matthäus 26,52: »Stecke dein Schwert an seinen Ort!«

4756 *Verfassungen:* hier im Sinne von gesundheitlichem bzw. psychischem Zustand.

4759 *Leheneid:* Schwur, dem Lehnsherrn die Treue zu halten. Lehen: Land oder Einnahmequelle, das ein adliger Herrscher (Lehnsherr) zwecks Bewirtschaftung einem Lehnsmann überlässt, ohne auf den Besitzanspruch zu verzichten.

4767 *entzwei:* zerbrochen.

4769 *höhnst:* verhöhnst.

4774f. *ist nur Einer – Einer so unverdient gestorben:* Gemeint ist Jesus Christus.

4780 *gelindem:* leisem, mildem.

4781 *Geziemt:* gebührt.

4809 *drangen:* drängten.

4810 *Spielwerk:* Spielzeug, Spielware, Spielsachen.

4815 *zu reichen:* Erfolg zu haben.

4816 *zu buhlen:* sich intensiv zu bemühen.

4832 *erstatten:* ersetzen.

4842 *sich enden:* enden.

4847 *entsag ich allem:* verzichte ich auf alles.

4855 *Tumult:* Unruhe, Unordnung, Durcheinander.

Fünfter Auftritt

4859 *Pöbel:* Volk, Volksmenge, abgeleitet vom frz. Wort *peuple*; später zunehmend in einem abwertenden Sinn verwendet.

4864 *Flüchten Sie sich:* Flüchten Sie.

4864f. *Es hat Gefahr:* Es herrscht Gefahr.

4866 *waffnet:* bewaffnet.

4868 *Memmen:* Feiglinge.

Sechster Auftritt

4887 *Geschäfte:* hier: Staatsgeschäfte.

Siebenter Auftritt

4932 *Terzerolen:* italienischer Begriff für sehr kleine Pistolen.

4937 *Abgeschiedne:* Verschiedene, Tote.

4948f. *Sie haben auch Leiden kennen lernen:* Im 18. Jh. wird statt des Partizip Perfekt oft der Infinitiv gebraucht.

4952 *Ältervater:* entgegen dem zu Schillers Zeiten allgemein üblichen Gebrauch des Begriffs als Synonym für »Urgroßvater« ist hier der Großvater (Karl V.) gemeint.

4952f. *von dem Thron zu steigen:* Karl V. wurde von Philipp II. zur Abdankung gezwungen.

Achter Auftritt

4971 *Angst des Todes:* Todesangst.

4974 *anbefohlen:* anvertraut, befohlen.

4980 *Cadix:* Cádiz, andalusische Hafenstadt westlich von Gibraltar.

4881 *Vlissingen:* Hafenstadt in der niederländischen Provinz Zeeland; Zentrum des Aufstands der Wassergeusen gegen Spanien.

4986 *Rhodus:* Rhodos; griechische Insel im Ägäischen Meer; zwischen 1309 und 1522 im Besitz des Johanniterordens, der die Insel als Rückzugsgebiet nach der Niederlage in Palästina nutzte und von hier aus das östliche Mittelmeer kontrollierte.

4994 *Das war er!:* Das entsprach seinem Charakter!

5001 *Maximen:* Grundsätze, Vorsätze.

5004 *undurchdringlicher:* undurchschaubarer.

5011 *dringt:* drängt.

Neunter Auftritt

vor 5016 *Anzug:* hier: Bekleidung.

5016 *Gib diesen Toten mir heraus:* König Philipp wendet
sich an die Ewigkeit.

5024 *Setzt alles mich hintan:* Lässt man mich unberück-
sichtigt.

5033 *Wie viel er sich mit der Eroberung wusste?:* Wie viel
er sich auf die Eroberung einbildete?

5036 *Ich gäb ein Indien dafür:* Gemeint ist Westindien
(zur Zeit Philipps spanisches Überseegebiet in der Kari-
bik). König Philipp wäre bereit, ein ganzes Territorium
der Größe Westindiens herzugeben.

5039 *verbessern:* wiedergutmachen.

5043 *Geist:* Träger geistiger Fähigkeiten.

5049 *mir:* um meinetwegen, für mich.

5053 *aufbehalten:* Synonym für aufheben, aufbewahren.

5071 *Tagwerk:* Arbeit eines Tages oder süddeutsches Flä-
chenmaß (rund 3000 Quadratmeter).

5071 *verspart man:* hebt man auf.

5073 *Hintritt:* Tod.

5079 *Hirngespinst:* abwegige Idee, Wahnvorstellung.

5086 *Brandstatt:* Brandstelle, Brandstätte.

5089 *Puppe:* hier: willenloser Befehlsempfänger, Mario-
nette.

5092 *Verlassenschaft:* Hinterlassenschaft.

5099 *Reis'geräte:* Reisegeräte, Reiseutensilien. Der Begriff
geht vermutlich auf reisende Handwerker zurück, die
Geräte und Instrumente zur Ausübung ihres Berufes
bei sich trugen.

5105 *Maltesers:* Gemeint ist Posa.

5107 *zeitiger:* früher.

5117 *sich erblicken lassen:* sich erblicken lassen hat.

5121 f. *setzten hinzu:* fügten hinzu.

5125 *in Justi:* im Kloster San Yuste.

5134 *unterstand sich:* wagte es.

5140 *jedweden:* jeglichen.
5141 *Ich bin lüstern:* Ich habe Lust. Zu Schillers Zeiten noch ohne sexuelle Konnotation.

Zehnter Auftritt

5144 f. *Ich war mir's nicht mehr vermutend:* Ich vermutete es nicht mehr.
5155 *Von diesem:* Gemeint ist Posa.
5156 f. *in der Santa Casa heiligen Registern:* in einem Karteiregister der Inquisition, das mutmaßliche Ketzer verzeichnete.
5168 *Dem heil'gen Amt:* der heiligen Inquisition.
5175 *freventlich:* frevelhaft.
5177 *Meuchelmörders:* heimtückischen Mörders.
5181 *Notdurft:* Notwendigkeit.
5182 f. *In seines Geistes ... führen:* etwa: dass sich durch die Schande der öffentlichen Verurteilung zeige, wie nichtig die Prahlerei der sich über Gott erhebenden Vernunft ist.
5192 *Ketten:* Ketten der Leidenschaft.
5196 *Regentenlauf:* Regentenlaufbahn.
5198 *Angelstern:* der Polarstern.
5207 *sechzigjähr'ge:* seit sechzig Jahren bestehende.
5220 *mit welcher Stirne:* mit welchem Recht.
5223 *Holzstoß:* Scheiterhaufen.
5229 *Der Erde Gott:* wer sich als Gott der Erde fühlen möchte.
5231 f. *haben Sie der Welt nicht Ihresgleichen zugestanden?:* Haben Sie den Menschen nicht zugestanden, dass sie Ihresgleichen sind?
5239 *Ordens:* Dominikanerordens.
5240 *einzig:* einzigartig.
5241 *gerochen:* gerächt.
5251 *Schatten Samuels:* Anspielung auf Samuel 1,28: Saul lässt durch die Hexe von Endor den Schatten Samuels

Don Carlos
Gemälde von Sánchez Coello
(Kunsthistorisches Museum Wien)

beschwören und erfährt von Samuel (V. 17f.): »Der Herr hat dir getan, wie er durch mich geredet hat, und hat das Königtum aus deiner Hand gerissen und David, deinem Nächsten, gegeben. Weil du der Stimme des Herrn nicht gehorcht und seinen grimmigen Zorn nicht an Amalek vollstreckt hast, darum hat der Herr dir das jetzt getan.«

5252 *Zwei Könige:* Karl V. und Philipp II.

5262 *Demut:* Haltung ohne persönlichen Stolz, verbunden mit der Bereitschaft, Leid als gerechtfertigt anzusehen und zu ertragen.

5263 *Sinnt auf:* beabsichtigt, denkt nach über.

5270 *an dem Holze:* hier: am Kreuz.

5278 *Wem:* für wen.

5281 *das Opfer:* Don Karlos.

Letzter Auftritt

5291 *gut gesagt:* gebürgt.

5293 *von hinnen:* aus dem Jenseits.

5315 *Wallung:* Erregung.

5317 *geläutert:* von einem sittlichen Fehler befreit.

5327 *Ernten:* Genüsse des Lebens.

5361 *Gent:* Stadt in Westbelgien, Hauptstadt der Provinz Ostflandern. Karl V. nahm Gent im Jahr 1540 einen Großteil der politischen Rechte. 1576 erfolgte die Genter Pazifikation zwischen Holland, Zeeland und den südlichen Provinzen gegen die spanische Herrschaft. In der Folge kam es zum Niedergang der Stadt, 1584 erfolgte die Eroberung durch Spanien.

5363 *Laut machen:* verlautbaren, enthüllen.

5364 *einen öffentlichen Gang:* eine öffentliche Auseinandersetzung.

II. Quellen und Texte Schillers zum historischen Umfeld

(Spanien und die Niederlande im 16. Jh.)

1. Übersicht über die historischen Ereignisse

1527 Geburt Philipps als Sohn Karls V., des Kaisers der damaligen Weltmacht Spanien, und Isabellas von Portugal in Valladolid (Spanien). Karl V. ist zugleich Herr der Niederlande aus seinem burgundischen Erbe.

1543 Philipp heiratet die 15-jährige Maria von Portugal.

1545 Geburt des Don Carlos; Maria von Portugal stirbt vier Tage nach der Geburt an Lungenentzündung; Carlos lernt seinen Vater bis zum 14. Lebensjahr kaum kennen.

1554 Philipp heiratet Maria von England.

1555 Abdankung Karls V.; er übergibt die Niederlande an Philipp.

1556 Philipp wird als Philipp II. König von Spanien.

1557 Sieg der Spanier über Frankreich bei Saint Quentin.

1558 Sieg der Spanier über Frankreich bei Gravelines; Tod Karls V.

1559 Friede von Cateau-Cambrésis zwischen Spanien und Frankreich; Philipp heiratet, nachdem Maria von England im Vorjahr verstorben ist, in Paris die 14-jährige Elisabeth von Valois (die also 18 Jahre jünger ist als er), obwohl sie eigentlich Don Carlos' Frau werden sollte.

1560 Trauung in Spanien, an der Carlos wegen ständiger Fieberanfälle nicht teilnehmen kann.

1562 Bei einem Sturz von einer Treppe erleidet Carlos wahrscheinlich eine schwere Hirnschädigung.

1563 Carlos leidet unter pathologischen Wutausbrüchen, unter deren Einfluss er versucht, ihn umgebende Menschen zu ermorden.

1564 Der 19-jährige Don Carlos gilt als zurückgeblieben und gestört.

1565 In den Niederlanden entsteht der Bund der Geusen, der sich gegen die Unterdrückung durch die Spanier wendet.

1567 Herzog von Alba wird mit weitreichenden Vollmachten in die Niederlande gesandt; Wutausbruch des Don Carlos, der diese Aufgabe gern übernommen hätte.

1568 Don Carlos wird verdächtigt, die aufständischen Niederländer zu unterstützen; Hinrichtung des Grafen Egmont, eines der Anführer der Aufständischen, in Brüssel unter Alba; Don Carlos wird seit Jahresbeginn im Palast gefangen gehalten; im Juli erkrankt er schwer; Tod des Don Carlos am 24. Juli; Tod der Elisabeth von Valois am 3. Oktober.

1588 Sieg der Engländer über die spanische Armada.

1598 Tod Philipps II.

2. Schillers Quellen

Als wichtigste Quellen Schillers gelten:
Abbé de Saint-Réal: Histoire de Dom Carlos, fils de Philippe II, roi d'Espagne. Amsterdam 1682. Dt. Übers. anonym unter dem Titel: Geschichte des spanischen Prinzen Don Carlos. Aus den Werken des Abbts Saint Real gezogen. Eisenach 1784. [Schiller arbeitete mit dem Original und der Übersetzung seiner wichtigsten Quelle.]
Pierre de Bourdeilles Seigneur de Brantôme: Œuvres. Nouvelle édition, considérablement augmentée. Den Haag 1740.
Johann von Ferrera: Allgemeine Historie von Spanien. Hrsg. von Johann Salomo Semler. Halle 1758–60.

Robert Watson: The History of the Reign of Philipp the Second, King of Spain. Dublin 1777. Frz. Übers. unter dem Titel: Histoire du règne de Philippe II, roi d'Espagne. Amsterdam/Rotterdam 1777. [Von Schiller studiert.]

Jean-Louis Sébastien de Mercier: Portrait de Philippe II, Roi d'Espagne. Amsterdam 1785. [Einen Auszug aus dem umfangreichen Vorwort hat Schiller übersetzt und im zweiten Heft der *Thalia* vom Februar 1786 veröffentlicht, s. S. 44–47.]

Zu Schillers Umgang mit den Quellen schreibt PETER-ANDRÉ ALT (geb. 1960) unter dem Titel »Vom Familienstück zur Tragödie der Macht. Fünf Arbeitsjahre für ein Drama neuen Typs« im ersten Band seiner maßgeblichen Schiller-Monographie (2000):

»Der Carlos-Stoff, den erstmals Dalberg beim zweiten Mannheimer Treffen ins Gespräch gebracht hatte, beschäftigt Schiller seit dem Spätherbst 1782. Im winterlich verschneiten Bauerbach setzt sich der vom Mannheimer Theater so ungnädig empfangene Exilant mit der spanischen Geschichte des 16. Jahrhunderts auseinander. Am 9. Dezember 1782 bittet er Reinwald um die Übersendung philosophischer, literaturtheoretischer und historischer Abhandlungen aus den Beständen der Meininger Bibliothek. Die Liste, die er dem neuen Bekannten schickt, nennt neben Lessing, Mendelssohn, Garve, Hume und Home auch den Namen des Abbé Saint-Réal, auf dessen *Histoire de Dom Carlos* ihn Dalberg Ende Mai in Mannheim verwiesen hatte (NA 23,56). Es handelt sich um eine 1672 erstmals publizierte Erzählung, die in sehr freier Form die Geschichte des 1545 geborenen spanischen Infanten darstellt. Saint-Réal beschreibt die eskalierende Auseinandersetzung zwischen dem Thronfolger Carlos und seinem mächtigen Vater König Philipp II.,

dem Sohn Karls V., als abgründigen Eifersuchtskonflikt.
Dem despotischen Souverän, in dessen Weltreich die Sonne niemals untergeht, gilt der Sohn als Nebenbuhler, der
seine gleichaltrige Stiefmutter, die Französin Elisabeth
von Valois, erotisch begehrt. Aus diesem Motiv entwickelt Saint-Réal, der die spanienkritische Position der
offiziösen Geschichtsschreibung Frankreichs vertritt, eine Schauergroteske von tragischem Charakter. Philipp,
der als dogmatischer Katholik ohne menschliche Regung
erscheint, läßt am Ende aus Eifersucht den eigenen Sohn
durch die Inquisition töten und die seit acht Jahren mit
ihm vermählte Ehefrau vergiften, weil er in ihrer gegen-
seitigen Zuneigung nicht nur eine Beleidigung seiner
männlichen Ehre, sondern zudem drohende Gefahr für
die Sicherheit des Staates zu erkennen meint. Die historische Wahrheit, die Saint-Réal wenig interessiert, dürfte
aber anders ausgesehen haben: der als launisch, debil und
sadistisch geltende, nach einem im April 1562 erlittenen
Treppensturz offenbar hirngeschädigte Carlos plante zu-
verlässigen Quellenberichten zufolge mehrfach Attenta-
te auf seinen Vater und stand daher seit dem Januar 1568
unter dauerhafter Bewachung. Nachdem er im Sommer
zeitweilig die Nahrungsaufnahme verweigert hatte, erlitt
der Infant eine schwere Magen- und Darminfektion, an
der er am 24. Juli 1568 auf natürliche Weise starb; Elisabeth von Valois folgte ihm nur drei Monate später, im
Oktober 1568, ins Grab. Angesichts der von sämtlichen
Quellen hervorgehobenen Konflikte zwischen Philipp
und seinem Erben schienen freilich die Mordhypothe-
sen, die den Tod des Prinzen umrankten, keineswegs
ganz abwegig. Nicht nur bei Saint-Réal, sondern auch bei
seriösen Vertretern der französischen Geschichtsschreibung konnte Schiller der Auffassung begegnen, daß Carlos und Elisabeth das Opfer der Inquisition geworden
seien. Auf diesem Boden gediehen seine literarischen
Phantasien, die er während der Bauerbacher Zeit in einer

Philipp II.
Gemälde von Pantoja de la Cruz (El Escorial)

knappen Skizze niederlegte, welche den geplanten Gang der Handlung auf der Basis von fünf Akten (›Schritten‹) näher umriß.«

»Die knapp fünfjährige Inkubationszeit, die der *Don Karlos* durchläuft, bleibt geprägt von intensiver Quellenlektüre. Schiller studiert die historische Fachliteratur zur Geschichte des spanischen Imperiums und erschließt sich die widersprüchlichen Facetten, die die Regierungszeit Philipps II. bestimmen. In Bauerbach befriedigt er sein Informationsbedürfnis durch die Bestände der gut bestückten Meininger Hofbibliothek. Neben der Erzählung Saint-Réals liest er die aus dem Jahr 1589 stammenden, 1740 neu edierten Memoiren des französischen Glücksritters Pierre de Bourdeilles Seigneur de Brantôme, die Studien zu Philipp II. und Königin Elisabeth enthalten. Außerdem stößt er auf Johann von Ferreras *Allgemeine Historie von Spanien*, die Johann Salomo Semler 1758/60 in zehnter Auflage herausgegeben hatte. Im Herbst 1785 gerät er in Dresden, vermittelt durch Huber, an Merciers frisch veröffentlichtes *Portrait de Philippe second, roi d'Espagne*, dessen Vorwort er Mitte Februar 1786 im zweiten Heft der Thalia in deutscher Übersetzung abdruckt. Merciers locker verfugte Szenenfolge bot Anregungen für das berühmte Audienzgespräch (III,10), in dem Posa das Selbstverständnis von Philipps autokratischem Regime mit aufgeklärten Argumenten zu erschüttern sucht (im *Portrait* fällt dieser Part der Prinzessin Eboli zu); nicht zuletzt führte sie die (bei Saint-Réal fehlende) Figur des Großinquisitors ein, die später in die große Beratungsszene des letzten Akts (V,10) einbezogen wird. Im Oktober 1785 liest Schiller schließlich die französische Ausgabe von Robert Watsons *The History of the Reign of Philip the Second, King of Spain* (1777). Der Text entwirft in einem nuancierten Porträt den zwischen Machtgier und Furchtsamkeit, Despotismus und Schwäche schwankenden Cha-

rakter des Monarchen, dessen gewalttätige Züge, anders
als bei Mercier, von Merkmalen der Unsicherheit überla-
gert scheinen.«

Peter-André Alt: Schiller. Leben – Werk – Zeit. Eine
Biographie. Bd. 1. München: Beck, 2000. S. 433–435
und 437 f. – © 2000 Verlag C. H. Beck oHG, München.

Aus Schillers Übersetzung von MERCIERS *Portrait de Philippe II, Roi d'Espagne* (1785):

»Philipp der zweite ist Staub. Zwei Jahrhunderte trennen
ihn von uns, und sein Name lebt nur durch die Gerechtigkeit der Zeit. Ich will ein Gemählde seines abergläubi-
schen und schreklichen Despotismus entwerfen – alle Be-
standtheile dieses grausamen Charakters, die uns in der
Geschichte durchschauern, will ich in e i n Bildniß zusammen schmelzen, und den Abscheu, der m i c h durchdrungen hat, allgemein machen.
Welch ein Ungeheuer, je länger ich bei seinem Anblik verweile! – Man erzählt von einem Bildhauer, der sich anbe-
tend zu den Füßen des Jupiters niederwarf, den sein Mei-
sel erschaffen hatte – ich stürze erschroken vor dem Bilde
zurück, das ich zeichnete.
Der richtende Kiel des Schriftstellers soll die schlechten
Könige brandmarken; dadurch ehrt er die guten. Alle nach
der Reihe müssen sich endlich dem unbestechlichen Grab-
stichel unterwerfen, der ihre Laster oder Tugenden auf die
Nachwelt bringt. Die verborgensten Winkelzüge ihres
Charakters werden hervorgezogen an den Tag, welcher
Schleier sie auch deke, alle ohne Unterschied müssen vor
dem Richterstul der Menschheit erscheinen, die da ist und
kommen wird.
Kein Tiran, finster und grausam wie dieser, bestieg seit Ti-
berius den Tron. Philipp der Zweite ließ das Schiff der römischen Kirche auf einer See von Menschenblut treiben.

Einverstanden mit dem Inquisitionsgericht, dessen barbarische Verfolgungen in Flandern, Spanien, Amerika er beförderte, grausam von Natur und nach Grundsäzen, mußte er noch zugleich sein Vertrauen an zwei Kreaturen verschenken, die seiner vollkommen würdig waren, an den Kardinal Granvella, und den Herzog von Alba. Beiden überließ er seine königliche Macht, denn beide waren wie er unmenschlich und unerbittlich.

Seine Absicht war, die furchtbare Gewalt, die er schon besaß, durch eine geistliche Monarchie zu verstärken, weil er wußte, daß sich die leztere über den g a n z e n Menschen erstrekte. Eben so wie die g ö t t l i c h e Regierung die ganze Schöpfung umfaßt, solte der Despotismus des Glaubens ihm die ganze politische Welt unterjochen. Jeder Aufrührer wäre dann zugleich Kezer, und jeder Kezer würde als Aufrührer behandelt. Man hätte sich gegen den Monarchen vergangen, sobald man sich von der Formel seines Glaubens entfernte. Eine solche Tirannei des Gewissens, – die schlimmste aller schlimmen Regierungsformen – wollte Philipp in seinen Staaten errichten. Er wollte seine irrdische profane Gewalt mit einem göttlichen Zepter vermählen.

Die kirchliche Regierung hatte schon seit einigen Jahrhunderten die Form der alten römischen angenommen. Ihre Maximen, von dem marktschreierischen Prunk der Zeremonie unterstüzt, hatte eine verführerische blendende Außenseite, der Wille wurde gefeßelt, und alle Gewissen unter einem einzigen Gottesdienste vereinigt; dann freilich waren nur wenige Schritte zu einem einzigen Gesez. Eben darum dachten auch schon mehrere Fürsten auf eine Wiedervereinigung der Monarchie mit dem Priesterthum, und glaubten durch diesen Kunstgriff sich einer gränzenlosen Gewalt zu versichern. Aus keinem andern Grund gestand Philipp der Zweite, der es in Anschlägen dieser Art allen seinen Vorgängern und Zeitgenossen zuvorthat, dem römischen Bischoff die Unfehlbarkeit zu; er selbst wollte sich dieses Vorrecht in s e i n e n Staaten anmaßen, und mit dem heiligen Kreuz so gut als mit seinem Schwerde befehlen. Es lag ihm daran, jeden Widerspruch abzuschneiden, wo sein Vortheil im Spiele war; man sollte zittern, wenn er sein Kruzifix in die Hand nahm; der intoleranteste Pfaffe sprach aus dem Mund des unempfindlichsten Königs.

Nothwendig mußte das einen Geist der Verfolgung entzünden, welcher bald in einen politischen Fanatismus übergieng. Dieses Gift verbreitete sich bald durch alle Adern der Regierung, alles ward der Religionsmeinung untergeordnet und aufgeopfert. Wer sich unterstand zu denken wurde hinweggeschaft, was nur den Geist der Untersuchung athmete, verdächtig gemacht und gebrandmarkt. Unnatürliche Ausschweifung einer Religion, die sich auf allgemeines Wohlwollen gründet!

Dieser schändliche Despotismus verunstaltete bald alle Zweige der Gesezgebung, und machte sie zugleich kleingeistisch und grausam. Die Form des Gottesdiensts glich einer abgeschmakten lästigen Etikette, und dieser ewige Zwang mußte endlich die Heuchelei, eine Mutter so vieler Laster, gebähren. Ein finstrer und grausamer Aberglauben verschlang das Licht der Vernunft, und errichtete seinen Tron auf den Trümmern der Gewissensfreiheit. Dieses traurige Loos traf alle spanische Reiche – der Fanatismus legte in diesem weiten Erdstrich der Dummheit seine Pflanzungen an, und das Volk wurde zum Thier heruntergestoßen. Aber dennoch hintergieng der Erfolg die Erwartungen, die man sich von diesem Verfahren gebildet hatte. Der Mensch, von dem doppelten Joch der Sklaverei und der Dummheit belastet, schweift gerne von einem Extrem zum andern, und geht von einem blinden Gehorsam zu zügellosen Empörungen über. So fand sich endlich Philipp der Dritte gezwungen, die vereinigten Provinzen für einen unabhängigen freien Staat zu erklären, und mußte sich anheischig machen, ihren Handel hinfort weder in Indien noch in Amerika anzufechten.

Der Monarch, dessen Charakter ich jezt entwerfe, besaß

in Europa die Königreiche Spanien und beide Sicilien, die Niederlande, die Franche Comté und das Herzogthum Mailand; in Afrika Tunis, Oran, die kanarischen Inseln, und einen Theil des grünen Vorgebürges; in Asien die Philippinen, die Sonda-Inseln und einen Theil der moluccischen, in Amerika die Reiche Peru und Mexiko, Neu-Spanien, Chili und beinahe alle Inseln, die zwischen dem festen Land von Europa und Amerika liegen. Ungeheure Besizungen in der Hand eines Einzigen, und der auch nicht einmal den Namen davon verdiente!

Alles kam zusammen, diesen Monarchen zum Grösesten der Welt und der Geschichte zu machen, hätte er seine furchtbare Ueberlegenheit auf die Seite der wahren Größe geschlagen – aber die wahre Größe war es eben, wovon er nichts wußte. In einem Zeitraum von zwei und vierzig Jahren, worin er die Unterjochung von ganz Europa schmidete, hatte er auch nicht e i n e n Tag mit dem Glük der Menschheit bezeichnet, überal Tyrann und Betrüger, überal Sklave des finstersten Aberglaubens, hielt er hartnäkig auf jeder Gelegenheit, die sich ihm anbot, seine strafende Macht zu zeigen.

Er trachtete nach der Eroberung von Britannien, denn er verabscheute alles, was frei war. Wäre es Drake nicht gelungen, hundert seiner Schiffe im Hafen von Cadix zu verbrennen, und hätte nicht ein wohlthätiger Sturm jene furchtbare Flotte zerstreut, die mit dem Namen der U n - ü b e r w i n d l i c h e n pralte, so war dieser glükliche Freistaat aus dem Globus vertilgt. Welcher Zuwachs seiner Größe, wenn er auch noch dieses mächtige Reich mit seinen vielen Erbländern hätte vereinigen können!«

NA 19 I, 161–164.

Aus SCHILLERS Einleitung zu *Abfall der vereinigten Niederlande gegen die spanische Regierung*, Erstes Buch (1788):

»Eine der merkwürdigsten Staatsbegebenheiten, die das
sechszehnte Jahrhundert zum glänzendsten der Welt gemacht haben, dünkt mir die Gründung der niederländischen Freiheit. Wenn die schimmernden Thaten der
Ruhmsucht und einer verderblichen Herrschbegierde auf
unsere Bewunderung Anspruch machen, wie viel mehr
eine Begebenheit, wo die bedrängte Menschheit um ihre
edelsten Rechte ringt, wo mit der guten Sache ungewöhn-
liche Kräfte sich paaren, und die Hülfsmittel entschloßner
Verzweiflung über die furchtbaren Künste der Tiranney
in ungleichem Wettkampf siegen. Groß und beruhigend
ist der Gedanke, daß gegen die trotzigen Anmaßungen der
Fürstengewalt endlich noch eine Hülfe vorhanden ist, daß
ihre berechnetsten Plane an der menschlichen Freiheit zu
Schanden werden, daß ein herzhafter Widerstand auch
den gestreckten Arm eines Despoten beugen, heldenmü-
thige Beharrung seine schrecklichen Hülfsquellen endlich
erschöpfen kann. Nirgends durchdrang mich diese Wahrheit so lebhaft als bei der Geschichte jenes denkwürdigen
Aufruhrs, der die vereinigten Niederlande auf immer
von der spanischen Krone trennte – und darum achtete
ich es des Versuchs nicht unwerth, dieses schöne Denkmal
bürgerlicher Stärke vor der Welt aufzustellen, in
der Brust meines Lesers ein fröhliches Gefühl seiner selbst
zu erwecken, und ein neues unverwerfliches Beispiel zu
geben, was Menschen wagen dürfen für die gute Sache,
und ausrichten mögen durch Vereinigung.
Es ist nicht das Außerordentliche oder Heroische
dieser Begebenheit, was mich anreizt, sie zu beschreiben.
Die Jahrbücher der Welt haben uns ähnliche Unterneh-
mungen aufbewahrt, die in der Anlage noch kühner, in
der Ausführung noch glänzender erscheinen. Manche
Staaten stürzten mit einer prächtigern Erschütterung zusammen, mit erhabenerem Schwunge stiegen andere auf.
Auch erwarte man hier keine hervorragende, kolossalische
Menschen, keine der erstaunenswürdigen Thaten die uns

die Geschichte vergangener Zeiten in so reichlicher Fülle darbietet. Jene Zeiten sind vorbey, jene Menschen sind nicht mehr. Im weichlichen Schoos der Verfeinerung haben wir die Kräfte erschlaffen lassen, die jene Zeitalter übten und nothwendig machten. Mit niedergeschlagener Bewunderung staunen wir jezt diese Riesenbilder an, wie ein entnervter Greis die mannhaften Spiele der Jugend. Nicht so bei vorliegender Geschichte. Das Volk, welches wir hier auftreten sehen, war das friedfertigste dieses Welttheils, und weniger als alle seine Nachbarn jenes Heldengeists fähig, der auch der geringfügigsten Handlung einen höheren Schwung giebt. Der Drang der Umstände ü b e r - r a s c h t e es mit seiner eigenen Kraft, und nöthigte ihm eine vorübergehende Größe auf, die es nie haben sollte, und vielleicht nie wieder haben wird. Die Kraft also, womit es handelte, ist unter uns nicht verschwunden; der glückliche Erfolg, der sein Wagestück krönte, ist auch uns nicht versagt, wenn die Zeitläufte wiederkehren und ähnliche Anlässe uns zu ähnlichen Thaten rufen. Es ist also gerade der Mangel an heroischer Größe, was diese Begebenheit eigenthümlich und unterrichtend macht, und wenn sich andre zum Zweck setzen, die Ueberlegenheit des Genies über den Zufall zu zeigen, so stelle ich hier ein Gemählde auf, wo die Noth das Genie erschuf, und die Zufälle Helden machten.

Wäre es irgend erlaubt, in menschliche Dinge eine höhere Vorsicht zu flechten, so wäre es bei dieser Geschichte, so widersprechend erscheint sie der Vernunft und allen Erfahrungen. Philipp der zweyte, der mächtigste Souverain seiner Zeit, dessen gefürchtete Uebermacht ganz Europa zu verschlingen droht, dessen Schätze die vereinigten Reichthümer aller christlichen Könige übersteigen, dessen Flotten in allen Meeren gebieten; ein Monarch, dessen gefährlichen Zwecken zahlreiche Heere dienen; Heere, die durch lange und blutige Kriege und eine römische Mannszucht gehärtet, durch einen trotzigen Nationalstolz be-

geistert, und erhitzt durch das Andenken erfochtener Sie-
ge, nach Ehre und Beute dürsten, und sich unter dem ver-
wegenen Genie ihrer Führer als folgsame Glieder bewegen
– dieser gefürchtete Mensch, einem hartnäckigen Entwurf
hingegeben, e i n Unternehmen die rastlose Arbeit seines
langen Regentenlaufs; alle diese furchtbaren Hülfsmittel
auf einen e i n z i g e n Z w e c k gerichtet, den er am Abend
seiner Tage unerfüllt aufgeben muß – Philipp der zweyte,
mit wenigen schwachen Nationen im Kampfe, den er
nicht endigen kann!

Und gegen welche Nationen? Hier ein friedfertiges Fi-
scher- und Hirtenvolk, in einem vergessenen Winkel Europens, den es noch mühsam der Meeresfluth abgewann; die
See sein Gewerbe, sein Reichthum und seine Plage, eine
freye Armuth sein höchstes Guth, sein Ruhm, seine Tugend. Dort ein gutartiges gesittetes Handelsvolk, schwel-
gend von den üppigen Früchten eines gesegneten Fleißes,
wachsam auf Gesetze, die seine Wohlthäter waren. In der
glücklichen Muße des Wohlstands verläßt es der Bedürfnis-
se ängstlichen Kreis, und lernt nach höherer Befriedigung
dürsten. Die neue Wahrheit, deren erfreuender Morgen
jetzt über Europa hervorbricht, wirft einen befruchtenden
Strahl in diese günstige Zone, und freudig empfängt der
freye Bürger das Licht, dem sich gedrückte traurige Skla-
ven verschließen. Ein fröhlicher Muthwille, der gerne den
Ueberfluß und die Freiheit begleitet, reizt es an, das Ansehen verjährter Meinungen zu prüfen und eine schimpfliche
Kette zu brechen. Die schwere Zuchtruthe des Despotismus hängt über ihm, eine willkührliche Gewalt droht die
Grundpfeiler seines Glücks einzureissen, der Bewahrer seiner Gesetze wird sein Tirann. Einfach in seiner Staatsweis-
heit, wie in seinen Sitten, erkühnt es sich, einen veralteten
Vertrag aufzuweisen und den Herrn beider Indien an das
Naturrecht zu mahnen. Ein Name entscheidet den ganzen
Ausgang der Dinge. Man nannte Rebellion in Madrid, was
in Brüssel nur eine gesetzliche Handlung hieß; die Be-

schwerden Brabants foderten einen staatsklugen Mittler,
Philipp der zweyte sandte ihm einen Henker, und die Losung des Kriegs war gegeben. Eine Tiranney ohne Beispiel
greift Leben und Eigenthum an. Der verzweifelnde Bürger,
dem zwischen einem zweyfachen Tode die Wahl gelassen
wird, erwählt den edleren auf dem Schlachtfeld. Ein wohl-
habendes üppiges Volk liebt den Frieden, aber es wird krie-
gerisch, wenn es arm wird. Jetzt hört es auf, für ein Leben
zu zittern, dem alles mangeln soll, warum es wünschens-
würdig war. Die Wuth des Aufruhrs ergreift die entfernte-
sten Provinzen; Handel und Wandel liegen danieder, die
Schiffe verschwinden aus den Häfen, der Künstler aus seiner Werkstätte, der Landmann aus den verwüsteten Fel-
dern. Tausende fliehen in ferne Länder, tausend Opfer fallen auf dem Blutgerüste, und neue Tausende drängen sich
hinzu; denn göttlich muß eine Lehre seyn, für die so freudig gestorben werden kann. Noch fehlt die letzte vollen-
dende Hand – der erleuchtete unternehmende Geist, der
diesen großen politischen Augenblick haschte und die Geburt des Zufalls zum Plan der Weisheit erzöge.
W i l h e l m der stille weiht sich, ein zweyter Brutus, dem
großen Anliegen der Freiheit. Ueber eine furchtsame
Selbstsucht erhaben, kündigt er dem Throne strafbare
Pflichten auf, entkleidet sich großmüthig seines fürstlichen Daseyns, steigt zu einer freiwilligen Armuth herunter, und ist nichts mehr als ein Bürger der Welt. Die ge-
rechte Sache wird gewagt auf das Glücksspiel der Schlachten; aber zusammengeraffte Miethlinge und friedliches
Landvolk können dem furchtbaren Andrang einer geüb-
ten Kriegsmacht nicht Stand halten. Zweymal führt er seine muthlosen Heere gegen den Tirannen, zweymal verlassen sie ihn, aber nicht sein Muth; Philipp der zweyte sen-
det ihm so viele Verstärkungen zu, als seine grausame
Habsucht Bettler machte. Flüchtlinge, die das Vaterland
auswarf, suchen sich ein neues auf dem Meere, und auf
den Schiffen ihres Feindes Sättigung ihrer Rache und ihres

Hungers. Jetzt werden Seehelden aus Corsaren, aus Raub-
schiffen zieht sich eine Marine zusammen, und eine Republik steigt aus Morästen empor. Sieben Provinzen zerreis-
sen zugleich ihre Bande; ein neuer jugendlicher Staat,
mächtig durch Eintracht, seine Wasserfluth und Verzweiflung. Ein feyerlicher Spruch der Nation entsetzt den Tirannen des Thrones, der spanische Name verschwindet
aus allen Gesetzen. Jetzt ist eine That gethan, die keine
Vergebung mehr findet, die Republik wird fürchterlich,
weil sie nicht mehr zurück kann. Factionen zerreißen ihren Bund, selbst ihr schreckliches Element, das Meer, mit
ihrem Unterdrücker verschworen, droht ihrem zarten Anfang ein frühzeitiges Grab. Sie fühlt ihre Kräfte der über-
legnen Macht des Feindes erliegen, und wirft sich bittend
vor Europens mächtigste Throne, eine Souverainität weg-
zuschenken, die sie nicht mehr beschützen kann. Endlich
und mühsam – so verächtlich begann dieser Staat, daß
selbst die Habsucht fremder Könige seine junge Blüthe
verschmähte – einem Fremdling endlich dringt sie ihre gefährliche Krone auf. Neue Hoffnungen erfrischen ihren
sinkenden Muth, aber einen Verräther gab ihr in diesem
neuen Landesvater das Schicksal, und in dem drangvollen
Zeitpunkt, wo der unerbittliche Feind vor den Thoren
schon stürmet, tastet Karl von Anjou die Freiheit an, zu
deren Schutz er gerufen worden. Eines Meuchelmörders
Hand reißt noch den Steuermann von dem Ruder, ihr
Schicksal scheint vollendet, mit Wilhelm von Oranien alle
ihre rettenden Engel geflohen – aber das Schiff fliegt im
Sturme, und die wallenden Segel bedürfen des Ruderers
Hülfe nicht mehr. Philipp der Zweyte sieht die Frucht einer That verloren, die ihm seine fürstliche Ehre, und wer
weiß? ob nicht den heimlichen Stolz seines stillen Be-
wußtseyns kostet. Hartnäckig und ungewiß ringt mit dem
Despotismus die Freiheit; mördrische Schlachten werden
gefochten, eine glänzende Heldenreihe wechselt auf dem
Felde der Ehre; Flandern und Brabant war die Schule, die

dem kommenden Jahrhundert Feldherrn erzog. Ein langer verwüstender Krieg zertritt den Segen des offenen Landes, Sieger und Besiegte verbluten, während daß der werdende Wasserstaat den fliehenden Fleiß zu sich lockte, und auf den Trümmern seines Nachbars den herrlichen Bau seiner Größe erhub. Vierzig Jahre dauerte ein Krieg, dessen glückliche Endigung Philipps sterbendes Aug nicht erfreute, der ein Paradies in Europa vertilgte, und ein neues aus seinen Ruinen erschuf – der die Blüthe der kriegerischen Jugend verschlang, einen ganzen Welttheil bereicherte, und den Besitzer des goldreichen Peru zum armen Manne machte. Dieser Monarch, der, ohne sein Land zu drücken, neunmalhundert Tonnen Goldes jährlich verschwenden durfte, der noch weit mehr durch tirannische Künste erzwang, häufte eine Schuld von hundert und vierzig Millionen Dukaten auf sein entvölkertes Land. Ein unversöhnlicher Haß der Freiheit verschlang alle diese Schätze und verzehrte fruchtlos sein königliches Leben; aber die Reformation gedieh unter den Verwüstungen seines Schwerdts, und die neue Republik hob aus Bürgerblut ihre siegende Fahne.

Diese unnatürliche Wendung der Dinge scheint an ein Wunder zu gränzen; aber vieles vereinigte sich, die Gewalt dieses Königs zu brechen und die Fortschritte des jungen Staats zu begünstigen. Wäre das ganze Gewicht seiner Macht auf die vereinigten Provinzen gefallen, so war keine Rettung für ihre Religion, ihre Freiheit. Sein eigner Ehrgeiz kam ihrer Schwäche zu Hülfe, indem er ihn nöthigte, seine Macht zu theilen. Die kostbare Politik, in jedem Kabinet Europens Verräther zu besolden, die Unterstützungen der Ligue in Frankreich, der Aufstand der Mauren in Grenada, Portugalls Eroberung und der prächtige Bau von Eskurial erschöpften endlich seine so unermeßlich scheinenden Schätze, und untersagten ihm mit Lebhaftigkeit und Nachdruck im Felde zu handeln. Die teutschen und italienischen Truppen, die nur die Hoffnung der Beute unter seine Fahnen gelockt hatte, empörten sich jetzt, weil er sie nicht bezahlen konnte, und verließen treulos ihre Führer im entscheidenden Moment ihrer Wirksamkeit. Diese fürchterlichen Werkzeuge der Unterdrückung kehrten jetzt ihre gefährliche Macht gegen ihn selbst, und wütheten feindlich in den Provinzen, die ihm treu geblieben waren. Jene unglückliche Ausrüstung gegen Brittanien, an die er, gleich einem rasenden Spieler, die ganze Kraft seines Königreichs wagte, vollendete seine Entnervung; mit der Armada gieng der Tribut beider Indien und der Kern der spanischen Heldenzucht unter.

[...]

So groß Philipps Einfluß in diesen Ländern war, so großes Ansehen hatte die spanische Monarchie damals in ganz Europa gewonnen. Kein Staat durfte sich mit ihr auf den Kampfboden wagen. Frankreich, ihr gefährlichster Nachbar, durch einen schweren Krieg, und noch mehr durch innere Faktionen entkräftet, die unter einer kindischen Regierung ihr Haupt erhuben, gieng schon mit schnellen Schritten der unglücklichen Epoche entgegen, die es, beinahe ein halbes Jahrhundert lang, zu einem Schauplatz der Abscheulichkeit und des Elends gemacht hat. Kaum konnte Elisabeth von England ihren eignen noch wankenden Thron gegen die Stürme der Partheien, ihre neue noch unbefestigte Kirche gegen die verborgenen Versuche der Vertriebenen schützen. Erst auf ihren schöpferischen Ruf sollte dieser Staat aus einer demüthigen Dunkelheit steigen, und die lebendige Kraft, womit er seinen Nebenbuhler endlich darnieder ringt, von der fehlerhaften Politik dieses letztern empfangen. Das deutsche Kaiserhaus war durch die zweifachen Bande des Bluts und des Staatsvortheils an das spanische geknüpft; und das wachsende Kriegsglück Solimans zog seine Aufmerksamkeit mehr auf den Osten als auf den Westen von Europa; Dankbarkeit und Furcht versicherten Philipp die italienischen Fürsten, und das Conc l a v e beherrschten seine Geschöpfe. Die Monarchien des Nordens lagen noch in barbarischer Nacht, oder fiengen nur eben an, Gestalt anzunehmen, und das Staatssystem von Europa kannte sie nicht. Die geschicktesten Generale, zahlreiche sieggewohnte Armeen, eine gefürchtete Marine, und der reiche goldne Tribut, der nun erst anfieng, regelmäßig und sicher aus Westindien einzulaufen – welche furchtbare Werkzeuge in der festen und steten Hand eines geistreichen Fürsten! Unter so glücklichen Sternen eröfnete König Philipp seine Regierung.

Ehe wir ihn handeln sehen, müssen wir einen flüchtigen Blick in seine Seele thun, und hier einen Schlüssel zu seinem politischen Leben aufsuchen. Freude und Wohlwollen fehlten in diesem Gemüthe. Jene versagten ihm sein Blut und seine frühen finstern Kinderjahre; dieses konnten Menschen ihm nicht geben, denen das süßeste und mächtigste Band an die Gesellschaft mangelte. Zwei Begriffe, sein I c h, und was ü b e r diesem Ich war, füllten seinen dürftigen Geist aus, Egoismus und Religion sind der Inhalt und die Ueberschrift seines ganzen Lebens. Er war König und Christ, und war beides schlecht, weil er beides vereinigen wollte. Mensch für Menschen war er niemals, weil er von seinem Selbst nur aufwärts, nie abwärts stieg. Sein Glaube war grausam und finster, denn seine Gottheit war ein schreckliches Wesen. Er hatte nichts mehr von ihr zu empfangen, aber zu fürchten. Dem geringen Mann erscheint sie als Trösterin, als Erretterin, ihm war sie ein aufgestelltes Angstbild, eine schmerzhafte demüthigende Schranke seiner menschlichen Allmacht. Seine Ehrfurcht gegen sie war um so tiefer und inniger, je weniger sie sich auf andre Wesen vertheilte. Er zitterte knechtisch vor Gott, weil Gott das einzige war, wovor er zu zittern hatte. Karl der fünfte eiferte für die Religion, weil die Religion für ihn arbeitete; Philipp that es, weil er wirklich an sie glaubte. Jener ließ um des Dogma willen mit Feuer und Schwerdt gegen Tausende wüthen, und er

selbst verspottete in der Person des Pabsts, seines Gefan-
genen, den Lehrsatz, dem er Menschenblut opferte; Philipp entschließt sich zu dem gerechtesten Kriege gegen
diesen nur mit Widerwillen und Gewissensfurcht, und be-
giebt sich aller Früchte seines Sieges, wie ein reuiger Mis-
sethäter seines Raubs. Der Kaiser war Barbar aus Berechnung, sein Sohn aus Empfindung. Der erste war ein star-
ker und aufgeklärter Geist, aber vielleicht ein desto
schlimmerer Mensch; der zweite war ein beschränkter und
schwacher Kopf, aber er war gerechter.

Beide aber, wie mich dünkt, konnten bessere Menschen
gewesen seyn als sie wirklich waren, und im Ganzen nach
denselben Maaßregeln gehandelt haben. Was wir dem Karakter der Person zur Last legen, ist sehr oft das Gebrechen, die nothwendige Ausflucht der allgemeinen menschlichen Natur. Eine Monarchie von diesem Umfang war
eine zu starke Versuchung für den menschlichen Stolz,
und eine zu schwere Aufgabe für menschliche Kräfte. Allgemeine Glückseligkeit mit der höchsten Freiheit des Individuums zu paaren, gehört für den unendlichen Geist,
der sich auf alle Theile allgegenwärtig verbreitet. Aber
welche Auskunft trift der Mensch in der Lage des Schöp-
fers? Der Mensch kömmt durch Klassifikation seiner Beschränkung zu Hülfe, gleich dem Naturforscher setzt er
Kennzeichen und eine Regel fest, die seinem schwankenden Blick die Uebersicht erleichtert, und wozu sich alle
Individuen bekennen müssen; dieses leistet ihm die R e l i -
g i o n. Sie findet Hofnung und Furcht in jede Menschenbrust gesäet; indem sie sich dieser Triebe bemächtigt, diese
Triebe E i n e m Gegenstande unterjocht, hat sie Millionen
selbstständiger Wesen in ein einförmiges Abstrakt verwandelt. Die unendliche Mannichfaltigkeit der menschlichen Willkühr verwirrt ihren Beherrscher jezt nicht
mehr – jezt giebt es ein allgemeines Uebel und ein allgemeines Gut, das er zeigen und entziehen kann, das auch
da, wo er n i c h t ist, mit ihm einverstanden wirket. Jezt

giebt es eine Gränze, an welcher die Freiheit stille steht, eine ehrwürdige heilige Linie, nach welcher alle streitende Bewegungen des Willens zuletzt einlenken müssen. Das gemeinschaftliche Ziel des Despotismus und des Priesterthums ist Einförmigkeit, und Einförmigkeit ist ein nothwendiges Hülfsmittel der menschlichen Armuth und Beschränkung. Philipp mußte um so viel mehr Despot seyn, als sein Vater, um so viel enger sein Geist war; oder mit andern Worten, er mußte sich um so viel ängstlicher an allgemeine Regeln halten, je weniger er zu den Arten und Individuen herabsteigen konnte. Was folgt aus diesem allem? Philipp der zweite konnte kein höheres Anliegen haben, als die Gleichförmigkeit des Glaubens und der Verfassung, weil E r ohne diese nicht regieren konnte.

Und doch würde er seine Regierung mit mehr Gelindigkeit und Nachsicht eröfnet haben, wenn er sie früher angetreten hätte. In dem Urtheil, das man gewöhnlich über diesen Fürsten fällt, scheint man auf einen Umstand nicht genug zu achten, der bei der Geschichte seines Geistes und Herzens billig in Betrachtung kommen sollte. Philipp zählte beinahe dreißig Jahre, da er den spanischen Thron bestieg, und sein frühe reifer Verstand hatte vor der Zeit seine Volljährigkeit beschleunigt. Ein Geist wie der seinige, der seine Reife fühlte, und mit größern Hofnungen nur allzuvertraut worden war, konnte das Joch der kindlichen Unterwürfigkeit nicht anders, als mit Widerwillen tragen; das überlegene Genie des Vaters, und die Willkühr des Alleinherrschers mußte den selbstzufriedenen Stolz dieses Sohnes drücken. Der Antheil, den ihm jener an der Reichsverwaltung gönnte, war eben erheblich genug, seinen Geist von kleineren Leidenschaften abzuziehen, und den strengen Ernst seines Karakters zu unterhalten, aber auch gerade sparsam genug, sein Verlangen nach der unumschränkten Gewalt desto lebhafter zu entzünden. Als er wirklich davon Besitz nahm, hatte sie den Reiz der Neuheit für ihn verloren. Die süße Trunkenheit eines jun-

gen Monarchen, der von der höchsten Gewalt über-
rascht wird, jener freudige Taumel, der die Seele jeder
sanfteren Regung öfnet, und dem die Menschheit schon
manche wohlthätige Stiftung abgewann, war bei ihm
längst vorbei oder niemals gewesen. Sein Karakter war gehärtet, als ihn das Glück auf diese wichtige Probe stellte,
und seine bevestigten Grundsätze widerstunden dieser
wohlthätigen Erschütterung. Funfzehn Jahre hatte er Zeit
gehabt, sich zu diesem Uebergang anzuschicken, und anstatt bey den Zeichen seines neuen Standes jugendlich zu
verweilen, oder den Morgen seiner Regierung im Rausch
einer müßigen Eitelkeit zu verlieren, blieb er gelassen und
ernsthaft genug, sogleich in den gründlichen Besitz seiner
Macht einzutreten, und durch ihren vollständigsten Gebrauch ihre lange Entbehrung zu rächen.

Philipp der zweite sahe sich nicht sobald durch den Frieden von Chateau-Cambresis im ruhigen Besitz seiner Reiche, als er sich ganz dem großen Werk der Glaubensreini-
gung hingab, und die Furcht seiner niederländischen Unterthanen wahr machte. Die Verordnungen, welche sein
Vater gegen die Ketzer hatte ergehen lassen, wurden in ihrer ganzen Strenge erneuert, und schreckliche Gerichtshö-
fe, denen nichts als der Name der Inquisition fehlte,
wachten über ihre Befolgung. Aber sein Werk schien ihm
kaum zur Hälfte vollendet, so lange er die spanische
Inquisition nicht in ihrer ganzen Form in diese Länder
verpflanzen konnte – ein Entwurf, woran schon der Kaiser gescheitert hatte.

Eine Stiftung neuer Art und eigener Gattung ist diese
spanische Inquisition, die im ganzen Laufe der Zeiten kein Vorbild findet, und mit keinem geistlichen, keinem weltlichen Tribunal zu vergleichen steht. Inquisition
hat es gegeben, seitdem die Vernunft sich an das Heilige
wagte, seitdem es Zweifler und Neuerer gab; aber erst um
die Mitte des dreizehnten Jahrhunderts, nachdem einige
Beispiele der Abtrünnigkeit die Hierarchie aufgeschröckt

hatten, baute ihr Innocentius der dritte einen eigenen
Richterstuhl, und trennte auf eine unnatürliche Weise die
geistliche Aufsicht und Unterweisung von der strafenden
Gewalt. Um desto sicherer zu seyn, daß kein Menschenge-
fühl und keine Bestechung der Natur die starre Strenge ihrer Statuten auflöse, entzog er sie den Bischöffen und der
sekularischen Geistlichkeit, die durch die Bande des bürgerlichen Lebens noch zu sehr an der Menschheit hieng,
um sie Mönchen zu übertragen, einer Abart des menschlichen Namens, die die heiligen Triebe der Natur abge-
schworen, dienstbaren Kreaturen des römischen Stuhls.
Deutschland, Italien, Spanien, Portugal und Frankreich
empfiengen sie; ein Franziskanermönch saß bei dem fürchterlichen Urtheil über die Tempelherrn zu Gerichte; einigen wenigen Staaten gelang es, sie auszuschließen, oder der
weltlichen Hoheit zu unterwerfen. Die Niederlande waren
bis zur Regierung Karls des fünften damit verschont geblieben; ihre Bischöffe übten die geistliche Censur, und in
außerordentlichen Fällen pflegte man sich an fremde In-
quisitionsgerichte, die französischen Provinzen nach Paris,
die deutschen nach Cöln zu wenden.
Aber die Inquisition, welche jezt gemeynt ist, kam aus dem
Westen von Europa, anders in ihrem Ursprung, und anders
an Gestalt. Der letzte maurische Thron war im funfzehnten
Jahrhundert in Grenada gefallen, und der sarazenische Gottesdienst endlich dem überlegenen Glück der Christen ge-
wichen. Aber neu und noch wenig befestigt war das Evan-
gelium in diesem jüngsten christlichen Königreich, und in
der trüben Mischung ungleichartiger Gesetze und Sitten
hatten sich die Religionen noch nicht geschieden. Zwar hatte das Schwerdt der Verfolgung viele tausend Familien nach
Afrika getrieben, aber ein weit größerer Theil, von dem ge-
liebten Himmelsstriche der Heimath gehalten, kaufte sich
mit dem Gaukelspiel verstellter Bekehrung von dieser
schrecklichen Nothwendigkeit los, und fuhr an christlichen Altären fort, seinem Mahomed und Moses zu dienen.

So lange es seine Gebete nach Mecca richtete, war Grenada nicht unterworfen; so lange der neue Christ im innersten seines Hauses wieder zum Juden und Muselmann wurde, war er dem Thron nicht gewisser, als dem römischen Stuhl. Jezt war es nicht damit gethan, dieses widerstrebende Volk in die äußerliche Form eines neuen Glaubens zu zwingen, oder es der siegenden Kirche durch die schwachen Bande der Zeremonie anzutrauen; es kam darauf an, die Wurzel einer alten Religion auszureuten, und einen hartnäckigen Hang zu besiegen, der durch die langsam wirkende Kraft von Jahrhunderten in seine Sitten, seine Sprache, seine Gesetze gegraben worden, und bei dem fortdaurenden Einfluß des vaterländischen Bodens und Himmels in ewiger Uebung blieb. Wollte die Kirche einen vollständigen Sieg über den feindlichen Gottesdienst feiern, und ihre neue Eroberung vor jedem Rückfalle sicher stellen, so mußte sie den Grund selbst unterwühlen, auf welchen der alte Glaube gebaut war; sie mußte die ganze Form des sittlichen Karakters zerschlagen, an die er aufs innigste gehefet schien. In den verborgensten Tiefen der Seele mußte sie seine geheime Wurzeln ablösen, alle seine Spuren im Kreise des häuslichen Lebens und in der Bürgerwelt auslöschen, jede Erinnerung an ihn absterben lassen, und wo möglich selbst die Empfänglichkeit für seine Eindrücke tödten. Vaterland und Familie, Gewissen und Ehre, die heiligen Gefühle der Gesellschaft und der Natur sind immer die ersten und nächsten, mit denen Religionen sich mischen; von denen sie Stärke empfangen, und denen sie sie geben. Diese Verbindung mußte jezt aufgelöst, von den heiligen Gefühlen der Natur mußte die alte Religion gewaltsam gerissen werden – und sollte es selbst die Heiligkeit dieser Empfindungen kosten. So wurde die Inquisition, die wir zum Unterschiede von den menschlicheren Gerichten, die ihren Namen führen, die spanische nennen. Ihre Einsetzung fällt in das Ministerium des Kardinal Ximenes; ein Dominikanermönch, Torquemada, eröffnete diesen schrecklichen Gerichtshof zuerst, gründete seine Statuten, und vermachte in ihm seinem Orden der Menschheit ewigen Fluch. Bald wurde aus einem Werkzeuge despotischer und hierarchischer Unterdrückung ein Instrument der Habsucht. Die ungeheuren Summen, die durch Einziehung der Güter in den königlichen Fiskus fielen, waren eine fürchterliche Lockung für Ferdinand; die Inquisition gab ihm einen Schlüssel zum Vermögen aller seiner Unterthanen in die Hände, wie sie das Organ seiner Gewalt und das starke Band war, woran er die Mächtigen hielt. Das Tribunal stand unerschütterlich fest, weil es durch die vereinigte Kraft der zwo mächtigsten Leidenschaften gehalten wurde.

Die Vernunft unter den blinden Glauben herab zu stürzen, und die Freiheit des Geists durch eine todte Einförmigkeit zu zerstören, war das Ziel, worauf dieses Institut hinarbeitete; seine Werkzeuge dazu waren S c h r e c k e n und S c h a n d e. Bis ins Gebiet der geheimsten Gedanken dehnte es seine unnatürliche Gerichtsbarkeit aus. Jede Leidenschaft stand in seinem Solde; Freundschaft, ehliche Liebe und alle Triebe der Natur wußte es zu seinem Zwecke zu brauchen; seine Schlingen lagen in jeder Freude des Lebens. Wohin es seine Horcher nicht bringen konnte, versicherte es sich der Gewissen durch Furcht, ein dunkler Glaube an seine Allgegenwart fesselte die Freiheit des Willens, selbst in den Tiefen der Seele. Alle Instinkte der Menschheit beugte es unter das Formular eines willkührlichen Glaubens; alle Ansprüche an seine Gattung waren für einen Ketzer verscherzt, mit der leichtesten Untreue an der Kirche hatte er sein Geschlecht ausgezogen. Die heilsamen Schauer des Instinkts, womit uns der Urheber unsers Wesens gegen unnatürliche Verbrechen gewaffnet hat, trug es willkührlich auf ein elendes Priesterwerk über; ein bescheidener Zweifel an der Unfehlbarkeit des Papsts wird geahndet wie Vatermord, und schändet wie Sodomie. Kein Schicksal konnte seine Opfer ihm unterschlagen, an Leichen, an Gemählden wurden seine Sentenzen voll-

streckt, vor dem Arme der Inquisition war das Grab selbst
keine Zuflucht, und die Schuld des Vaters lebte fort im
Elend ganzer Generationen.

Die Vermessenheit ihrer Urtheilsprüche kann nur von der
Unmenschlichkeit übertroffen werden, womit sie dieselben
vollstrecket. Sie fällt die Sinne mit neuen, ausgesuchten
und unterirdischen Schrecken an, von den Phantomen
entlehnt, die sie selbst in einer kranken und kindischen
Einbildung niederlegte; und vermengt das wirkliche Entsetzen
der Gegenwart mit einem Gauckelspiel aus künftigen
Welten. Indem sie lächerliches mit fürchterlichem
paart und durch die Seltsamkeit des Aufzugs die Augen
belustigt, entkräftet sie den theilnehmenden Affekt durch
den Kitzel eines andern; im Spott und in der Verachtung
ertränkt sie die Sympathie. Mit feierlichem Pompe führt
man den Verbrecher zur Richtstatt, eine rothe Blutfahne
weht voran, der Zusammenklang aller Glocken begleitet
den Zug; zuerst kommen Priester im Meßgewande, und
singen ein heiliges Lied. Ihnen folgt der verurtheilte Sünder,
in ein gelbes Gewand gekleidet, worauf man schwarze
Teufelsgestalten abgemahlt sieht. Auf dem Kopfe trägt
er eine Mütze von Papier, die sich in eine Menschenfigur
endigt, um welche Feuerflammen schlagen, und scheußliche
Dämonen herumfliegen. W e g g e k e h r t von dem
ewig Verdammten wird das Bild des Gekreuzigten getragen;
ihm gilt die Erlösung nicht mehr. Dem Feuer gehört
sein sterblicher Leib, wie den Flammen der Hölle seine
unsterbliche Seele. Ein Knebel sperrt seinen Mund, und
verwehrt ihm, seinen Schmerz in lindernden Klagen zu
kühlen, das erstorbene Mitleid durch seine rührende Geschichte
zu wecken, und die Geheimnisse des heiligen Gerichts
auszusagen. An ihn schließt sich die Geistlichkeit
im festlichen Ornat, die Obrigkeit und der Adel; die Väter,
die ihn gerichtet haben, beschließen den schauerlichen
Zug. Man glaubt eine Leiche zu sehen, die zu Grabe geleitet
wird, und es ist ein lebendiger Mensch, dessen Quaalen

jezt das Volk so schauderhaft unterhalten sollen. Gewöhnlich werden diese Hinrichtungen auf hohe Feste gerichtet, wozu man eine bestimmte Anzahl solcher Unglücklichen in den Kerkern des heiligen Hauses zusammenspart, um durch die Menge der Opfer die Handlung zu verherrlichen; und alsdann sind selbst die Könige zugegen. Sie sitzen mit unbedecktem Haupt auf einem n i e d r i g e r e n Stuhle, als der Großinquisitor, dem sie an einem solchen Tage den Rang über sich geben – und wer wird nun für einem Tribunal nicht erzittern, neben welchem die Majestät selbst versinkt?

Die große Glaubensrevolution durch Luther und Kalvin brachte die Nothwendigkeit wieder zurück, welche diesem Gericht seine erste Entstehung gegeben; und was anfänglich nur erfunden war, das kleine Königreich Grenada von den schwachen Ueberresten der Sarazenen und Juden zu reinigen, wurde jezt das Bedürfniß der ganzen katholischen Christenheit. Alle Inquisitionen in Portugal, in Italien, Deutschland und Frankreich nahmen die Form der spanischen an; sie folgte den Europäern nach Indien, und errichtete in Goa ein schreckliches Tribunal, dessen unmenschliche Proceduren uns noch in der Beschreibung durchschauern. Wohin sie ihren Fuß setzte, folgte ihr die Verwüstung; aber so, wie in Spanien, hat sie in keiner andern Weltgegend gewüthet. Die Todten vergißt man, die sie geopfert hat; die Geschlechter der Menschen erneuern sich wieder, und auch die Länder blühen wieder, die sie verheert und entvölkert hat, aber Jahrhunderte werden hingehen, eh' ihre Spuren aus dem spanischen Charakter verschwinden. Eine geistreiche trefliche Nation hat sie mitten auf dem Weg zur Vollendung gehalten, aus einem Himmelsstrich, worin es einheimisch war, das Genie verbannt, und eine Stille, wie sie auf Gräbern ruht, in dem Geist eines Volks hinterlassen, das vor vielen andern, die diesen Welttheil bewohnen, zur Freude berufen war.«

NA 17 I,10–15, 53–61.

III. Dokumente zur Entstehungsgeschichte und zu frühen Aufführungen

SCHILLER schreibt an Wolfgang Heribert Dalberg, den Intendanten des Mannheimer Hof- und Nationaltheaters, am 15. Juli 1782:

»Die Geschichte des Spaniers Dom Carlos verdient allerdings den Pinsel eines Dramatikers, und ist vielleicht eines von den nächsten Sujets das ich bearbeiten werde.«

NA 23,38.

Im Frühjahr 1783 entsteht der ›Bauerbacher Entwurf‹ von »Dom Karlos Prinz von Spanien. Trauerspiel.«

»I. Schritt. Schürzung des Knotens.
  A. Der Prinz liebt die Königin. Das wird gezeigt.
    1. Aus seiner Aufmerksamkeit auf solche, seiner Lage in ihrer Gegenwart.
    2. Seiner ungewönlichen Melancholie und Zerstreuung.
    3. Dem Korb den die Prinzeßin von Eboli von ihm bekommt.
    4. Seiner Szene mit dem Marquis de Posa.
    5. Seinen einsamen Gesprächen mit sich selbst.
  B. Diese Liebe hat Hinderniße und scheint gefärlich für ihn werden zu können – diß lehren:
    1. Karlos heftige Leidenschaft und Verwegenheit.
    2. Der tiefe Affekt seines Vaters, sein Argwohn, seine Neigung zur Eifersucht, seine Rachsucht.
    3. Intereße der Grandes die ihn fürchten und haßen, mit guter Art an ihn zu kommen.
    4. Rachsucht der beschämten Prinzeßin von Eboli.
    5. Auflauschung des müssigen Hofes.
    6.

II. Schritt. Der Knoten verwikelter.
  A. Karlos Liebe nimmt zu – Ursachen.
    1. Die Hinderniße selbst.
    2. Gegenliebe der Königin, diese äußert sich, motivirt sich:
      a. Aus Ihrem zärtlichen Herzen dem ein Gegenstand mangelt.
        a. Philipps Alter, Disharmonie mit ihrer Empfindung.
        ß. Zwang ihres Standes.
      b. Aus ihrer anfänglichen Bestimmung und Neigung für den Prinzen. Sie nährt diese angenehme Erinnerungen gern.
      c. Aus ihren Äußerungen in Gegenwart des Prinzen. Inneres Leiden. Furchtsamkeit. Antheil. Verwirrung.
      d. Einer mehr als zu erwartenden Kälte gegen Dom Juan, der ihr einige Liebe zeigt.
      e. Einigen Funken von Eifersucht über Karlos Vertrauen zu der Prinzeßin von Eboli.
      f. Einigen Äußerungen in geheim.
      g. Einem Gespräch mit dem Marquis.
      h. Einer Szene mit Karlos.
  B. Die Hinderniße und Gefahren wachsen. Dieses erfährt man
    1. Aus dem Ehrgeiz der Rachsucht des verschmähten Dom Juan.
    2. – einigen Entdekungen die die Prinzeßin v. Eboli macht.
    3. – ihrem Einverständniß mit jenem.
    4. – der immer wachsenden Furcht und Erbitterung der Grandes, die vom Prinzen bedroht und beleidigt werden. Complott derselben.
    5. Aus des Königs Unwillen über seinen Sohn, und Bestellung der Spionen.

III. Schritt. Anscheinende Auflösung, die den Knoten noch mehr verwikelt.

   A. Die Gefahren fangen an auszubrechen.

      1. Der König bekömmt einen Wink, und geräth in die heftigste Eifersucht.

      2. Dem Karlos erbittert den König noch mehr.

      3. Die Königin scheint den Verdacht zu rechtfertigen.

      4. Alles vereinigt sich den Prinzen und die Königin strafbar zu machen.

      5. Der König beschließt seines Sohnes Verderben.

   B. Der Prinz scheint allen Gefahren zu entrinnen.

      1. Sein Heldensinn erwacht wieder und fängt an über seine Liebe zu siegen.

      2. Der Marquis wälzt den Verdacht auf s i c h, und verwirret den Knoten aufs neue.

      3. Der Prinz und die Königin überwinden sich.

      4. Prinzeßin und Juan spalten sich.

      5. König sezt einen Verdacht in den Herzog von Alba.

IV. S c h r i t t. Dom Karlos unterliegt einer neuen Gefahr.

   A. König entdekt eine Rebellion seines Sohnes.

   B. Diese weckt die Eifersucht wieder.

   C. Beide zusammen vereinigt, stürzen den Prinzen.

V. S c h r i t t. Auflösung und Katastrophe.

   A. Regungen der Vaterliebe, des Mitleids u. s. f. scheinen den Prinzen zu begünstigen.

   B. Die Leidenschaft der Königin verschlimmert die Sache und vollendet des Prinzen Verderben.

   C. Das Zeugnis des Sterbenden, und das Verbrechen seiner Ankläger rechtfertigt den Prinzen zu spät.

   D. Schmerz des betrogenen Königs, und Rache über die Urheber.«

NA 7 II,183 f. – © 1986 Verlag Hermann Böhlaus Nachfolger, Weimar.

Brief SCHILLERS vom 27. März 1783 an den Meininger Bibliothekar und Freund Wilhelm Friedrich Hermann Reinwald, seinen späteren Schwager:

»Über ein neues Stük bin ich mit mir einig. Um meines langen Hin und her Schwankens zwischen Imhof und Maria Stuart los zu seyn, hab ich beide, bis auf weitere Ordre, zurükgelegt, und arbeite nunmehr entschloßen und fest auf einen Dom Karlos zu. Ich finde, daß diese Geschichte mehr Einheit und Intereße zum Grunde hat als ich bisher geglaubt, und mir Gelegenheit zu starken Zeichnungen und erschütternden oder rührenden Situazionen gibt. Der Karakter eines feurigen, grosen und empfindenden Jünglings, der zugleich der Erbe einiger Kronen ist, – einer Königin die durch den Zwang ihrer Empfindung bei allen Vortheilen ihres Schiksals verunglükt, – eines eifersüchtigen Vaters und Gemals – eines grausamen heuchlerischen Inquisitors, und barbarischen Herzogs von Alba und *so fort* solten mir, dächte ich, nicht wol mislingen. Dazu kommt, daß man einen Mangel an solchen teutschen Stüken hat, die grose Staatspersonen behandeln – und das Mannheimische Theater dieses Sujet von mir bearbeitet wünscht. / Auch hier, lieber werter Mann, erwarte ich Ihren, mir immer wichtigen, Rath – und weil Sie mich schon so weit verbunden haben, daß ich Ihnen die Vortheile und den Ruhm meiner jezigen Beschäftigungen hälftig verdanken mus, so entziehen Sie mir auch hiebei Ihre freundschaftliche Unterstüzung nicht. Wenn ich eine spanische Geschichte mit Vortheil behandeln soll, so werde ich nothwendig mit dem Nationalkarakter, den Sitten, und der Staatistik des Volks bekannt seyn müssen. Sie, mein Freund, wißen am besten, aus welchen Quellen ich diese Kenntnisse schöpfen kann, und werden ohne Zweifel auf der Bibliothek dergleichen Werke haben. Wenn Sie Sich nun auf einen Augenblik in meine Lage versezen, und den Zustand der Unentschloßenheit und Unthätigkeit

kennen, der mir besonders h i e r unerträglich ist, so weis
ich gewis, daß Sie keine Zeit verlieren werden, die Ihren
Freund in Geschäfte bringen, und in Verfolgung seiner
Arbeit erleichtern kann. Bälder, als ich mit Spaniens Sitten
und Regierung bekannt bin, kann ich meinen Plan nicht
vollenden, und noch viel weniger eine Ausführung auf ge-
rathewol wagen. Daher hoffe ich, Sie werden meine Unge-
duld wenigstens mit einigen dahineinschlagenden Werken
befriedigen. Die Judith wird abends eh sie abgehet, bei Ihnen anfragen, und das was Sie mir schiken wollen, abho-
len. Wenn Sie allenfalls Brantomes Geschichte Philipps II.
besizen, so theilen Sie mir solche auch mit. – / [...] Auf
unsre nächste Zusamenkunft soll eine Szene von Dom
Karlos fertig seyn, die Sie richten werden.«

NA 23,74–76.

Brief SCHILLERS an Reinwald vom 14. April 1783:

»In diesem herrlichen Hauche des Morgens denk ich S i e
Freund – und meinen K a r l o s. Meine Seele fängt die Natur in einem entwölkten blankeren Spiegel auf, und ich
glaube, meine Gedanken sind wahr. Prüfen Sie solche. – /
Ich stelle mir vor – Jede Dichtung ist nichts anderes, als
eine enthusiastische Freundschaft oder platonische Liebe
zu einem Geschöpf unsers Kopfes. Ich will mich erklären.
/ Wir schaffen uns einen Karakter, wenn wir u n s r e Empfindungen, und unsre historische Kenntniß von f r e m -
d e n, in andere Mischungen bringen – bei den Guten das
Plus oder Licht – bei Schlimmern das Minus oder den
Schatten vorwalten laßen. Gleichwie aus einem einfachen
weisen Stral, je nachdem er auf Flächen fällt, tausend und
wiedertausend Farben entstehen, so bin ich zu glauben ge-
neigt daß in unsrer Seele alle Karaktere nach ihren Urstof-
fen schlafen, und durch Wirklichkeit und Natur, oder
künstliche Täuschung ein daurendes oder nur illusorisch –
und augenbliklisches Daseyn gewinnen. Alle Geburten uns-

rer Phantasie wären also zulezt nur wir selbst. Aber
was ist Freundschaft oder platonische Liebe denn anders,
als eine wollüstige Verwechslung der Wesen? oder die An-
schauung unsrer Selbst in einem andern Glase? [...] Wenn
Freundschaft und platonische Liebe nur eine Verwechslung eines fremden Wesens mit dem unsrigen, nur eine heftige Begehrung seiner Eigenschaften sind, so sind beide ge-
wisermasen nur eine andre Wirkung der Dichtungskraft –
oder beßer: Das was wir für einen Freund, und, was wir
für einen Helden unsrer Dichtung empfinden ist eben das.
In beiden Fällen führen wir uns durch neue Lagen und
Bahnen, wir brechen uns auf anderen Flächen, wir sehen
uns unter andern Farben, wir leiden für uns unter andern Leibern. Können wir den Zustand eines Freunds feurig fühlen, so werden wir uns auch für unsere poëtische
Helden erwärmen. Aber die Folgerung, daß die Fähigkeit
zur Freundschaft und platonischen Liebe sonach auch die
Fähigkeit zur grosen Dichtung nach sich ziehen müsse,
würde sehr übereilt seyn. – Denn ich kann einen grosen
Karakter durchaus fülen, ohne ihn schaffen zu können. Das aber wäre bewiesen wahr, daß ein groser Dichter wenigstens die Kraft zur höchsten Freundschaft besizen mus, wenn er sie auch nicht immer geäusert hat. – Das
ist unstrittig wahr, daß wir die Freunde unserer Helden
seyn müssen, wenn wir in ihnen zittern, aufwallen,
weinen und verzweifeln sollen – daß wir sie als Menschen ausser uns denken müssen, die uns ihre geheimsten
Gefüle vertrauen, und ihre Leiden und Freuden in unsern
Busen ausschütten. Unsere Empfindung ist also Re-
fraktion, keine ursprüngliche sondern sympathetische
Empfindung. Dann rühren und erschüttern und entflam-
men wir Dichter am meisten, wenn wir selbst Furcht
und Mitleid für unsern Helden gefült haben. Ein groser Philosoph, der mir nicht gleich beifallen will, hat gesagt, daß die Sympathie am gewisesten und stärksten
durch Sympathie erwekt werde. Izt denke ich diesen Saz

in seiner ganzen Deutlichkeit. Der Dichter mus w e n i g e r
der M a h l e r seines Helden – er mus m e h r deßen M ä d -
c h e n, deßen B u s e n f r e u n d seyn. Der Antheil des Lie-
benden fängt tausend feine Nüancen m e h r, als der scharf-
sichtigste Beobachter auf. Welchen wir lieben, deßen Gu-
tes und Schlimmes, Glük und Unglük genießen wir in grö-
seren Dosen, als welchen wir nicht so lieben und noch s o
g u t   k e n n e n. Darum rührte mich Julius von Tarent
mehr als Leßings Amilia, wenn gleich Leßing unendlich
beßer als Leisewiz beobachtet. Er war der Aufseher seiner
Helden, aber Leisewiz war ihr Freund. Der Dichter mus,
wenn ich so sagen darf, sein eigener Leser, und wenn er
ein theatralischer ist, sein eigenes Parterre und Publikum
seyn. – – Ich habe Ihnen hier v i e l e s, und, wie ich beim
Durchlesen finde, mit z u   w e n i g Worten gesagt. Vielleicht führe ich solches ein andermal aus. / Nun eine kleine
Anwendung auf meinen K a r l o s. Ich mus Ihnen gestehen,
daß ich ihn gewisermassen statt meines Mädchens habe.
Ich trage ihn auf meinem Busen – ich schwärme mit ihm
durch die Gegend um – um Bauerbach herum. Wenn er
einst! fertig ist, so werden Sie mich und Leisewiz an Don
Karlos und Julius abmessen – Nicht nach der Gröse des
Pinsels – sondern nach dem Feuer der Farben – nicht nach
der S t ä r k e auf dem Instrument – sondern nach dem
T o n, in welchem wir spielen. Karlos hat, wenn ich mich
des Maases bedienen darf, von Shakespears Hamlet die
Seele – Blut und Nerven von Leisewiz Julius, und den
P u l s von mir. – Außerdem will ich es mir in diesem
Schauspiel zur Pflicht machen, in Darstellung der Inquisi-
tion, die prostituirte Menschheit zu rächen, und ihre
Schandfleken fürchterlich an den Pranger zu stellen. Ich
will – und solte mein Karlos dadurch auch für das Theater
verloren gehen – einer Menschenart, welche der Dolch der
Tragödie biß jezt nur gestreift hat, auf die Seele stoßen. Ich
will – Gott bewahre, daß Sie mich nicht auslachen. – –

Am 7. Juni 1784 schreibt SCHILLER an Dalberg:

»Ich bin jezt mehr als jemals über mein neues Schauspiel
verlegen. Woher ich nur Briefe bekomme, dringt man darauf, ich möchte ein groses historisches Stük, vorzüglich
meinen Karlos zur Hand nehmen, davon Gotter den Plan
zu Gesicht bekommen, und gros befunden hat. Freilich
ist ein gewönliches bürgerliches Sujet, wenns auch noch
so herrlich ausgeführt wird, in den Augen der grosen,
nach außerordentlichen Gemälden verlangenden Welt
niemalen von der Bedeutung, wie ein kühneres Tableau,
und e i n Stük wie dieses erwirbt dem Dichter, und auch
dem Theater dem er angehört schnellern und grösern
Ruhm, als drei Stüke wie jenes. Von Ewr. Exzellenz erwarte ich einen ernsthaften Rath zu meiner lezten Ent-
schließung, welches Sujet ich wälen soll? Carlos würde
nichts weniger seyn, als ein politisches Stük – sondern eigentlich ein Familiengemählde in einem fürstlichen Hauße, und die schrekliche Situazion eines Vaters, der mit seinem eigenen Sohn so unglüklich eifert, die schreklichere
Situazion eines Sohns, der bei allen Ansprüchen auf das
gröste Königreich der Welt ohne Hoffnung liebt, und
endlich aufgeopfert wird, müßten denke ich höchst inter-
eßant ausfallen. Alles was die Empfindung empört, würde
ich ohnehin mit gröster Sorgfalt vermeiden.«

NA 23,143–144.

Der Musiker und Freund Schillers ANDREAS STREICHER
(1761–1833) berichtet im Frühsommer 1784 über Schillers
Weiterführung der Arbeit am *Don Karlos*:

»Dieser Antrag hatte jedoch die gute Folge, daß er seinem
bisherigen wanken, ein Ende machte; daß er sich ernstlich
entschloß, alles andere vorläufig nicht mehr zu beachten,
sondern seine ganze Zeit dem Don Carlos zu widmen.
[...] Im Don Carlos hatte er Charactere zu schildern, die

sich in der allerhöchsten Sphäre bewegten; die nicht nur
den größten Einfluß auf ihre Zeit ausübten, sondern auch
der Menschheit die tiefsten Wunden schlugen. Wäre es
nur darum zu thun gewesen, die handelnden Personen,
wie die Geschichte es thut, als Tirannen, als blutdürstige
Henker zu zeichnen, so wäre die Schwierigkeit für ihn
sehr gering gewesen. / Aber er mußte, oder wollte wenigstens, die verabscheuungswürdigsten Menschen, mit
derselben Larve die sie im Leben, und besonders an Philipps Hofe trugen, getreu darstellen, ihre folgenden
Handlungen andeuten, und das Ganze dennoch auf eine
solche Art stellen, daß es ein höchst anziehendes Schauspiel, aber keinem Zuschauer widerlich wäre. Seine Ge-
spräche verbreiteten sich nicht allein über den Plan selbst,
sondern auch über die ganz neue Art von Sprache die er
dabei gebrauchen müsse. Er wollte sie mit alle dem Fluß
und Wohllaut ausstatten, für welche er ein so äußerst
empfindliches Gefühl hatte. Er glaubte daher auch, daß
hierzu Jamben, der Würde der Handlung, so wie der Personen am angemessensten seyn würden. Im Anfang
machte ihm dieses einige Schwierigkeit, indem er seit zwei
vollen Jahren, durchaus nichts mehr in gebundener Rede
geschrieben hatte. Jetzt mußte er seine Ausdrüke rhythmisch ordnen; er mußte, um die Jamben fließend zu machen, versuchen, schon rhythmisch zu denken. Wie aber
nur erst eine Scene in dieses Versmaas eingekleidet war,
da fand er selbst, daß dieses nicht nur das passendste für
das Drama seye, sondern, da es auch gemeine Gedanken
heraus hebe, um so viel mehr das erhabene und die
Schönheit der Ausdrüke, veredeln müßte. Seine Freude,
sein Vergnügen über den guten Erfolg, erhöhten seine
Lust am Leben, an der Arbeit, und er sah mit Ungedult
der Abendstunde entgegen, in welcher er *Streicher* dasjenige was er den Tag über fertig gebracht hatte, vorlesen
konnte. [...] Nun arbeitete er sehr fleissig an diesem Trau-
erspiele, übte sich aber auch zugleich, um seine Einbil-

dungskraft Zeitweise ausruhen zu lassen, in der französischen Sprache, die ihm seit zwei Jahren fremd geworden war, und welche er, sowohl zum lesen von Racine, Corneille, Diderot pp als auch zum übersetzen, sich wieder geläufig machen wollte.«

Andreas Streicher: Schillers Flucht von Stuttgart und Aufenthalt in Mannheim von 1782 bis 1785. Hrsg. von Paul Raabe. Stuttgart: Reclam, 1968. S. 115–117.

Brief SCHILLERS vom 24. August 1784 an Dalberg:

»Ich habe gegenwärtig meine Zeit zwischen eigenen Arbeiten, und französischer Lecture getheilt. Warum ich das leztere thue, werden E. E. gewiß billigen. Fürs Erste erweitert es überhaupt meine dramatische Kenntniß, und bereichert meine Phantasie – fürs andere hoffe ich dadurch zwischen zwei Extremen, Englischem und Französischem Geschmak in ein heilsames Gleichgewicht zu kommen. Auch nähre ich insgeheim eine kleine Hoffnung, der teutschen Bühne mit der Zeit durch Versezung der klaßischen Stüke Corneilles, Racines, Crebillons und Voltaires auf unsern Boden eine wichtige Eroberung zu verschaffen. / Carlos ist ein herrliches Sujet, vorzüglich für mich. Vier große Karaktere, beinahe von gleichem Umfang, Karlos, Philipp, die Königin und Alba öffnen mir ein unendliches Feld. Ich kann mir es jezt nicht vergeben, daß ich so eigensinnig, vielleicht auch so eitel war, um in einer entgegensezten Sphäre zu glänzen, meine Phantasie in die Schranken des bürgerlichen Kothurns einzäunen zu wollen, da die hohe Tragödie ein so fruchtbares Feld, und für mich, möcht ich sagen, da ist; da ich in diesem Fache größer und glänzender erscheinen, und mehr Dank und Erstaunen wirken kann, als in keinem andern, da ich hier vielleicht nicht erreicht, im andern übertroffen werden könnte; froh bin ich, daß ich nunmehr so ziemlich Meister über den Jamben bin; Es kann nicht fehlen, daß der Vers meinem Karlos sehr viel Würde und Glanz geben wird.«

NA 23,155.

Brief SCHILLERS an den Hamburger Theaterdirektor und Schauspieler Friedrich Ludwig Schröder, der an einer Uraufführung des Stückes Interesse gezeigt hat, vom 18. Dezember 1786:

»Der Carlos wird auf den Jänner fertig, so daß Sie ihn spätestens in 6 Wochen erhalten können. [...] Nun muß ich mir vor allen Dingen Nachricht von ihnen ausbitten 1) ob ich den Carlos in Prosa für Ihre Bühne verwandeln muß, weil doch immer zu besorgen ist, daß die untergeordneten Schauspieler Jamben schief declamieren, und unter 12–15 Personen können nicht alle Meister seyn. Mir macht es eine Mühe mehr, aber eine angenehme Mühe, weil sie mir den Erfolg versichert. / 2) Wünschte ich zu wissen welche Größe ich dem Stük geben, ob es 3 gute Stunden spielen darf? 3) ob ich mir im Punkte des Catholicismus, der Geistlichkeit u. der Inquisition einige Freiheiten erlauben darf oder ob es nothwendig ist, daß ich den Dominikaner weltlich mache u. die verfänglichen Stellen streiche? 4) Ob die Schauspielerin der Sie die Prinzeßin Eboli zutheilen eine leidliche Arie singen kann? Es ist im Stücke darauf gerechnet und wenn es also nicht wäre so müßte ich damit eine Änderung treffen. 5) Ob es bei ihnen widrig auffallen möchte, wenn das Stük mehr als 5 Akte hätte – die gedrukte Ausgabe wird 24 Bogen und 9 Akte betragen, die Theateredition könnte 12 Bogen und 7 Akte haben. Sollten Sie meinen, daß man sich an dieser Regelverlezung stoßen werde so könnte ich jezt noch eine Auskunft treffen. Ueber diese Fragen bitte ich mir bald eine Antwort aus. / Der Himmel bewahre mich übrigens, daß ich mich in kaufmännische Bedingungen über meine Stükke mit Ihnen einlasse. Sie gründen sie auf ihre Berechnung, die ich nicht weiß und also überlasse ich alles Ihnen. Nur bitte ich, daß ich die Freiheit behalte, die Stükke, wenn sie erst ihre Bühne betreten haben, auch auf ein anderes Theater bringen kann – u. daß mein Manuscript das ich Ihnen schicke, nicht gedrukt wird.

NA 24,73 f. – © 1989 Verlag Hermann Böhlaus Nachfolger, Weimar.

Brief SCHILLERS an Schröder vom 4. Juli 1787 zur bevorstehenden Hamburger Uraufführung (29. August):

»Ihren letzten Brief habe ich mit dem Einschluß vom 21. Jonis empfangen und bezeuge Ihnen hier meinen ergebensten Dank für dieses Zeichen Ihrer Zufriedenheit mit meinem Stücke [...]. Was ich jezt wünsche, bester Schröder, ist, daß auch Sie Ursache, haben möchten, das Opfer das Sie Ihrem G e f ü h l e gebracht haben, als Kaufmann nie zu bereuen. / Daß Sie den Großinquisitor weglassen müssen, bedaure ich sehr. In ihrem Falle (gesetzt daß Sie ihn bei der Censur durchbringen) würde ich es auch mit einem n u r l e i d l i c h e n Schauspieler wagen. Meine Gründe sind: Der Großinquisitor darf fast gar keine Mimik haben, seine ganze Sache ist Declamation, deutliche starke Vorlegung des Textes. Was kann I h r Geist nicht über mittelmäßiges Talent vermögen! Stutzen S i e ihn auf. Wenn er nichts thut, als verständlich sprechen, so haben Sie Sich eine interessante Scene gerettet. Wählen Sie sich aus Ihrer Gesellschaft einen Schauspieler, der noch nie von sich sprechen gemacht hat, den das Publikum biß jezt ignorirt hat. Bringen Sie mir, Sich und dem Vergnügen des Publikums das Opfer, einige Stunden mit ihm zu verlieren. [...] / Die Auskunft mit dem Geiste halte ich nicht für so ganz anstößig. Der abentheuerliche spanische Muth, der Geist der Liebesintrigue und noch mehr die anschauliche dringende Noth entschuldigen ihn, machen ihn begreiflich. Doch reißt vielleicht die Heftigkeit der Erwartung den Zuschauer über gewisse Scrupel hinweg und wir können Carlos mit der Königin zusammen kommen lassen, ohne ihm die gebrauchten Mittel sehen zu lassen. Dann könnte also die ganze Erfindung mit dem Gespenste weggelassen werden. Lerma erschiene sogleich nach Endigung der heftigen Scene mit dem Könige – oder Sie lassen den Vorhang mit Albas letzten Worten fallen: ›Ich gebe Madrid den Frieden‹ – und ziehen ihn mit der Scene auf, wo er mit Feria zurückkommt. Schade aber für Lermas letzte Scene mit Carlos. Sie wird sehr rühren, wenn Sie einen guten Lerma haben. – Ich schließe mit einer Bemerkung, die ich in den Gesetzen unserer Seele gegründet und durch die Erfahrung bestätigt finde. Stücke, worin große heftige Affekte spielen, endigen sich schöner – ruhig und stille als rasch und reissend. [...] / Noch eine kleine Bitte, lieber Schröder – der gedruckte Carlos wird nächstens in Hamburg seyn, bieten Sie die Hand zu seiner schnellen Circulation. Ich zweifle nicht, daß die Lecture des Stücks die Erwartung auf die Vorstellung spannen wird.«

NA 24,102 f. – © 1989 Verlag Hermann Böhlaus
Nachfolger, Weimar.

Brief SCHILLERS an den Mannheimer Buchhändler Christian Friedrich Schwan vom 2. Mai 1788 nach der erfolglosen Mannheimer Erstaufführung des *Don Karlos* in der Jambenfassung:

»Ich danke Ihnen für die Nachrichten, die Sie mir von dem Schicksal des Karlos auf Ihrer Bühne gegeben haben. Aufrichtig zu sprechen, g r o ß e Erwartungen habe ich mir überhaupt von keiner Vorstellung des Karlos gemacht und ich weiss auch warum? Also hätte sich auch Herr von Dalberg die Mühe ersparen können, mir – sein Exercitium von Critik aufzusagen, w a r u m das Stück die erwartete Wirkung nicht that. Warum es diese Wirkung nicht thun

konnte wußte ich ehe er den Carlos zu Gesicht bekam. Es
ist nicht mehr als billig, daß sich die Theatralische Göttinn
für die wenige Galanterie die mich, beim Schreiben, für
Sie beseelte, an mir gerächt hat. Indeßen, wenn mein Carlos auch ein noch so verfehltes T h e a t e r s t ü c k ist, so
halte ich doch dafür, daß unser Publicum ihn noch zehen-
mahl wird aufführen sehen können, ehe es das G u t e begriffen und ausgeschöpft hat, was seine Fehler aufwägen
soll. Ich glaube, erst alsdann, wenn man das G u t e eines
Dinges eingesehen hat, ist man berechtigt, das Urtheil
über das Schlimme zu sprechen. Oder glauben Sie nicht
auch? Indeßen höre ich, daß die zweyte Vorstellung beßer
ausgefallen sey als die erste. Entweder kommt das von den
Veränderungen her, die Dalberg in dem Stücke gemacht
hat – oder es kommt daher, daß das Publikum beim zwey-
tenmal Dinge verstehen lernte, die es bei der ersten Vorstellung – nicht verstand. / Uebrigens kann niemand mehr
überzeugt seyn als ich, daß der Carlos, aus Ursachen sowohl, die ihm Ehre als die ihm Unehre bringen, keine
Speculation für die Schaubühne ist. Schon allein seine
Länge könnte ihn davon verbannen. Ich habe ihn wahrlich
auch nicht aus Zuversichtlichkeit oder Eigenliebe auf die
Bühne genöthigt; aus Eigennutz vielleicht eher, denn wer
hätte die 3 oder 400 Thaler von der Hand weisen wollen,
die er mir ohngefähr von dieser Seite her eingebracht haben mag, ich frage wer hätte dieses wohl gethan, um –
dem guten Geschmack ein Opfer zu bringen? Wenn bei
dieser ganzen Sache meine Eitelkeit eine Rolle spielte, so
war es d a r i n n, daß ich dem Stücke innern Gehalt genug
zutraute, um sein schlechtes Glück auf den Bühnen nie-
derzuwägen.«

NA 25,53.

Von der gelungenen Dresdner Erstaufführung des Stückes
schreibt CHRISTIAN GOTTFRIED KÖRNER an seinen
Freund Schiller am 19. Februar 1789:

»Gestern wurde der Karlos aufgeführt. Das Haus war sehr
voll, und nach dem Schluße des Stücks wurde ungewöhn-
lich lange geklatscht. Wie die Vorstellung war, kannst Du
Dir denken, da Drewitz den Karlos und Schirmer den
Marqvis machte. Und beyde waren mir doch lieber als
Brückl. Schirmern gelangen einige Stellungen und bey der
Gefangennehmung des Karlos that sein Spiel und seine
Stimme eine überraschende Wirkung. Bey Drewitzen
mußte man Mitleid mit seinem gänzlichen Unvermögen
haben. Er hatte doch ziemlich gelernt. Seine Monotonie
war bloß Null, und er verdarb wenigstens nichts durch
widrige Accente. Aber Brückl war oft unausstehlich. Seine
Würde that ihm gar zu gütlich, so daß er überall das Bey-
wort königlich einflickte. Merkt euch das, war
auch eine Lieblingsredensart von ihm. Denke Dir eine so
unedle Gestalt wie Brückl, die nur das crasse, nur den Tyrannen in Philipp heraushebt, und für den alle andern
Züge verloren sind. Angenehme Empfindung hat mir eigentlich nur die Kochinn gemacht. Sie war sehr gut angezogen, ihre Gestalt und ihr Anstand war für ihre Rolle im
Ganzen sehr passend, und in der Eifersuchtsscene mit
dem König sprach sie auch ziemlich gut, und nach ihrer
Art mit Wärme. In andern Stellen war ihre Kälte weniger
widrig weil man sie für Zwang ihres Standes und ihrer
Lage ansehen konnte. Von der Albrecht habe ich mehr erwartet. In der Scene mit Karlos ist ihre Coketterie ohne
alle Grazie. Anstatt des leichten Conversationstons dekla-
mirt sie bald, bald schnattert sie mit unnatürlicher Heftigkeit, und renkt sich überhaupt wie Hase wenn er Erobe-
rungen machen will. Auch war sie gar nicht vortheilhaft
angezogen, bis zur Karrikatur blaß, und weite Aermel, die
zu ihren dürren Armen sehr schlecht sich ausnahmen. Im
Monolog und in der Scene mit Perez hat sie einige Sachen
gut gesagt. Im vierten Ackt nach der Gefangennehmung
Karlos spielte sie äusserst kalt, vielleicht aus Misvergnü-
gen, weil sie nicht zu gefallen schien. Schuwärth spielte

mit Anstand, sprach aber sehr kalt. Henke blieb der ver-
kleidete Senftenträger. Bey ein Paar Stellen entstand beynahe ein allgemeines Gelächter, wo er nehmlich sagt: alle
für einen p bey der Verschwörung, und im 4ten Ackt wie
Lerma und nicht Alba zum König gerufen wird, und Perez zu Alba sagt: mit uns ist es aus. Noch ein Paar Schnur-
ren: In der Eifersuchts Scene sagte Brückl zur Königinn:
Jetzt keine Winkelhaken, Madame, und keine Schrauben.
Sein Anzug war bis zum Stutzerhaften prätentionirt. Eine
StrahlenKrone von GoldLahn hatte er um den Hut, und
die gestickte Schärpe, war an der Seite in eine sehr künstliche Schleife geknüpft und mit Perlen durchflochten. Drewitz beliebte in der Scene mit der Eboli unter andern zu
sagen: Das ist kein Strich für solche Blumen. Minna
meynt, Herr von König hätte vielleicht den H i m m e l, als
anstößig, weggestrichen. Die Bösenberg als Page war
schlecht angezogen, spielte sehr unbedeutend und sprach
affectirt.
Es gelang mir, wie ich wollte, mich ganz fremd zu machen, und die theatralische Wirkung des Stücks unbefan-
gen abzuwarten. Ich muß Dir gestehen, daß es mir nicht
schwer für Dich scheint, einmal dem Karlos eine zweck
mäßige Gestalt zur Auffuhrung zu geben, die Dich befriedigen würde. W e g l a s s e n allein, wie Du bisher grösten-
theils gethan hast, ist freylich nicht hinlänglich. So ist mir
gestern sehr anschaulich geworden, daß die Scene des
Marqvis mit dem König wenn Du den Innhalt nicht abän-
derst auf keinem Theater Wirkung thun kann. Durch Abkürzung entstehen unangenehme Sprünge, wobey aller
Zusammenhang und alle Wahrscheinlichkeit des Ein-
drucks auf den König verloren geht. Dieß war gestern
ganz unausstehlich, da man Deine Abkürzung noch ver-
kürzt hatte. Wie wär's, wenn Du die politische Philosophie des Marqvis f ü r d a s T h e a t e r ganz aus der Scene
herauswürfest, und eine andre machtest, wo der Marqvis
nur soviel sagte, als nöthig ist seinen Charackter zu zei-

gen, und den König in seiner jetzigen Stimmung zur Vertraulichkeit zu veranlassen. Das Rasche in der Gunst des Königs könnte vielleicht durch ein Paar Worte gemildert werden, wodurch er diesen Schritt als ein Glücksspiel, wobey nichts zu verlieren wäre bey sich entschuldigte.

Es giebt Stellen, die auch bey der schlechtesten Vorstellung wirken müssen. Diese sind am häufigsten in den beyden letzten Ackten, als die Eifersuchtsscene mit der Königinn, die Scenen zwischen Karl und Lerma, die Gefangennehmung Karlos, der Abschied des Marqvis bey der Königinn, des Marqvis Tod p In den ersten Ackten ist mehr Gespräch und die Handlung weniger rasch. Hier hängt viel vom Spiel ab. Dieß ist auch der Fall bey der letzten Scene. Karlos muß schlechterdings mit möglichster Würde sich zeigen. Der Schuß versagte dießmal, und es war mir lieb, er muß üble Wirkung thun, wenn Karlos schon Philipps Stimme gehört hat. Auf ein bloßes Geräusch wäre er natürlich. Karlos Tod, glaub' ich übrigens ist immer t h e a t r a l i s c h e r als seine Uebergebung an die Inqvisition. Ich zweifle, ob man f ü r d a s T h e a t e r durch den GrosInquisitor viel gewinnen würde. Nach des Marqvis Tode kann däucht mich das Stück nicht geschwind genug zum Ende eilen. Im ersten Ackte vermißte ich ungern die Erzählung des Marqvis bey der Königinn. Sie scheint zur Vorbereitung der Scene mit Karlos nothwendig zu seyn.

Es versteht sich, daß ich Dir jetzt sobald noch nicht zumuthe, dem Karlos die möglichste theatralische Vollkommenheit zu geben. Jetzt ist e i n a n d r e s v o l l e n d e t e s S t ü c k die beste Antwort für Dich auf jede Kritik. Aber es wird eine Zeit kommen, wo Du weniger fruchtbar seyn wirst, und wo Deine früheren Produkte Dich wieder mehr interessiren werden. Alsdenn wird Dich der Karlos gewiß vorzüglich fesseln, und Du wirst finden, was noch aus ihm werden kann. Doch glaube ich immer daß er e i n e a n d r e E i n h e i t als Theaterstück, und eine andre als Gedicht wird haben müssen.

Die göttingische Recension von den Niederlanden habe ich noch nicht bekommen können. Ich schreibe Dir gleich sobald ich sie gelesen habe.
Graf Geßler hat einen kleinen Rückfall gehabt, ist aber wieder besser. Er zieht diesen Sommer auf einen Weinberg nicht weit von uns. Minna und Dorchen grüßen. Eine a n d r e Minna hat ihrem Drange an Dich zu schreiben nicht widerstehen können, wie die Beylage ausweist. Lebewohl.   Dein Körner.«

NA 33 I,305–307. – © 1989 Verlag Hermann Böhlaus Nachfolger, Weimar.

CHRISTOPH MARTIN WIELANDS (1733–1813) positive Rezension der ersten Buchausgabe des *Dom Karlos Infant von Spanien* bei Göschen erschien Ende September 1787 im *Anzeiger des Teutschen Merkur*:

»Die bekannten hervorstechenden Talente des Hrn. Schillers, und der frühe Ruhm, der ihm seine, von allen Teutschen Schaubühnen so häufig erschallende dramatische Stücke erworben haben, lassen billig erwarten, daß Dom Karlos, (mit dessen erstem Acte uns Thalia schon bekannt gemacht hat, und den Hr. Göschen nun in dieser schönen Ausgabe verbessert und vollständig liefert,) bereits in den Händen der Meisten unserer Leser seyn werde. Den wenigen, bey denen dies der Fall nicht wäre, zeigen wir diesen dramatischen Roman, als eine ausserordentliche Erscheinung an unserm litterarischen Himmel an, welche die Aufmerksamkeit aller Liebhaber der Dichtkunst und Schaubühne verdient, und ausser vielem, was in einzelnen Scenen vortreflich ist, und einem großen Reichthum an Bildern, Gedanken, Sentiments, Charakterzügen, die sich durch Erhabenheit, Energie, Delicatesse, Schönheit des Ausdrucks, u.s.w. auszeichnen, vornehmlich auch dadurch interessant wird, weil sie uns von den Fortschritten des Verf. und von dem was sich unsere dramatischen Musen

Frontispiz und

Dom Karlos

Infant von Spanien

von

Friedrich Schiller.

Leipzig,
bei Georg Joachim Göschen
1787.

Titelblatt der ersten Buchausgabe

in Zukunft von ihm zu versprechen haben, unterrichtet, und uns, so zu sagen, zu Zuschauern eines langen muthvollen Kampfes seines Genius mit seinem Süjet macht, – wo der Sieg vielleicht um so zweifelhafter scheinen mag, je schwerer ihn der Kämpfer sich selbst vorsetzlich gemacht hat, aber schon das bloße Unternehmen und die Stärke und Geschicklichkeit, die er dabey bewiesen hat, alle mögliche Aufmunterung verdient. Ich habe den Don Karlos einen dramatischen Roman genannt: denn daß ein Drama von beynahe 32 Bogen vom Verfasser selbst mehr zum Lesen oder Vorlesen als für würkliche Vorstellung auf der Bühne bestimmt sey, kann wohl keine Frage seyn: aber eben darum kann es ihm zu keinem Vorwurf gereichen, daß es mehr eine Reyhe mit einander verknüpfter Dialogen, als ein eigentliches, in Plan und Ausführung regelmäßiges Trauerspiel ist. Hr. Sch. wollte nach einem sich selbst ausgedachten Ideal arbeiten; wollte kein Werk weder nach den Mustern der Griechen, noch der Franzosen, aufstellen: aber dies beweiset eben so wenig seine Verachtung dieser Muster, als sein Unvermögen ein ächtes Kunstwerk (*legitimum poema,* wie es Horaz nennt) hervorzubringen. Der lebhafteste Wunsch, den uns die Durchlesung des Don Carlos abgedrungen hat, ist: daß der gute Genius der teutschen Schaubühne Hrn. Schiller endlich einmal den Willen eingebe, seinen eigenen den Gesetzen des Aristoteles und Horaz zu unterwerfen, und uns mit einem Schauspiel zu beschenken das jede Probe der Kritik aushalte, und worüber ein gewissenhafter Aristarch nicht ein ganzes Buch schreiben müßte, wofern er der Gefahr entgehen wollte, sowohl durch Lob als Tadel alle Augenblicke entweder an der Kunst oder an dem Künstler eine Ungerechtigkeit zu begehen.«

Anzeiger des Teutschen Merkur. September 1787. S. CXXIV-CXXV.

IV. Schillers *Briefe über Don Karlos*

Als Entgegnung auf zahlreiche Einwände gegen die Gestalt des Posa schrieb Schiller die »Briefe über Don Karlos« und veröffentlichte sie in dem von Wieland herausgegebenen *Teutschen Merkur*; die Briefe 1–4 im Juli 1788, die Briefe 5–12 im Dezember 1788. Am 20. August 1788 schrieb SCHILLER aus Rudolstadt an Christian Gottfried Körner:

»Daß Dir meine Critischen Briefe im *Deutschen* Mercur gefallen, freut mich. Ich finde auch, daß sie gut geschrieben sind; Wieland hat sie sehr bewundert; ich bin begierig, was Du von der Fortsetzung halten wirst; […]. Zugleich gebrauchte ich diese Briefe zu einem Vehikel, allerlei zu sagen, was sich mir da und dort aufgedrungen hat, und zu wenig ist, um in eigener Form behandelt zu werden.«

NA 25,97.

Erster Brief

SCHILLER beschäftigt sich mit den Ansichten der Kritiker und den Unstimmigkeiten im Aufbau des Stücks:

»Sie sagen mir, lieber Freund, daß Ihnen die bisherigen Beurteilungen des Don Karlos noch wenig Befriedigung gegeben, und halten dafür, daß der größte Teil derselben den eigentlichen Gesichtspunkt des Verfassers fehlgegangen sei. Es deucht Ihnen noch wohl möglich, gewisse gewagte Stellen zu retten, welche die Kritik für unhaltbar erklärte; manche Zweifel, die dagegen rege gemacht worden, finden sie in dem Zusammenhange des Stücks – wo nicht völlig beantwortet, doch vorhergesehen und in Anschlag gebracht. Bei den meisten Einwürfen fänden Sie weit weniger die Sagazität der Beurteiler als die Selbstzufriedenheit zu bewundern, mit der sie solche als hohe Entdeckungen vortragen, ohne sich durch den natürlichsten Ge-

danken stören zu lassen, daß Übertretungen, die dem
Blödsichtigsten sogleich ins Auge fallen, auch wohl dem
Verfasser, der unter seinen Lesern selten der am wenigsten
Unterrichtete ist, dürften sichtbar gewesen sein, und daß
sie es also weniger mit der Sache selbst als mit den
Gründen zu tun haben, die ihn dabei bestimmten. Diese Gründe können allerdings unzulänglich sein, können
auf einer einseitigen Vorstellungsart beruhen: aber die Sache des Beurteilers wäre es gewesen, diese Unzulänglich-
keit, diese Einseitigkeit zu zeigen, wenn er anders in den
Augen desjenigen, dem er sich zum Richter aufdringt oder
zum Ratgeber anbietet, einen Wert erlangen will.
[...] Es käme also, deucht mir, vorzüglich darauf an, zu
untersuchen, ob in dem Stücke alles enthalten ist, was
zum Verständnis desselben dienet, und ob es in so klaren
Ausdrücken angegeben ist, daß es dem Leser leicht war, es
zu erkennen. Lassen Sie sichs also gefallen, lieber Freund,
daß ich Sie eine Zeitlang von diesem Gegenstand unterhal-
te. Das Stück ist mir fremder geworden, ich finde mich
jetzt gleichsam in der Mitte zwischen dem Künstler und
seinem Betrachter, wodurch es mir vielleicht möglich
wird, des erstern vertraute Bekanntschaft mit seinem Gegenstand mit der Unbefangenheit des letztern zu verbin-
den.
Es kann mir überhaupt – und ich finde nötig, dieses vor-
auszuschicken – es kann mir begegnet sein, daß ich in den
ersten Akten andere Erwartungen erregt habe, als ich in
den letzten erfüllte. S. Reals Novelle, vielleicht auch meine
eigene Äußerungen darüber im ersten Stück der Thalia,
mögen dem Leser einen Standpunkt angewiesen haben,
aus dem es jetzt nicht mehr betrachtet werden kann. Während der Zeit nämlich, daß ich es ausarbeitete, welches
mancher Unterbrechungen wegen eine ziemlich lange Zeit
war, hat sich – in mir selbst vieles verändert. An den verschiedenen Schicksalen, die während dieser Zeit über meine Art, zu denken und zu empfinden, ergangen sind,

mußte notwendig auch dieses Werk teilnehmen. Was mich zu Anfang vorzüglich in demselben gefesselt hatte, tat diese Wirkung in der Folge schon schwächer und am Ende nur kaum noch. Neue Ideen, die indes bei mir aufkamen, verdrängten die frühern; Karlos selbst war in meiner Gunst gefallen, vielleicht aus keinem andern Grunde, als weil ich ihm in Jahren zu weit vorausgesprungen war, und aus der entgegengesetzten Ursache hatte Marquis Posa seinen Platz eingenommen. So kam es denn, daß ich zu dem vierten und fünften Akte ein ganz anderes Herz mitbrachte. Aber die ersten drei Akte waren in den Händen des Publikums, die Anlage des Ganzen war nicht mehr umzustoßen – ich hätte also das Stück entweder ganz unterdrücken müssen (und das hätte mir doch wohl der kleinste Teil meiner Leser gedankt), oder ich mußte die zweite Hälfte der ersten so gut anpassen, als ich konnte. Wenn dies nicht überall auf die glücklichste Art geschehen ist, so dient mir zu einiger Beruhigung, daß es einer geschicktern Hand als der meinigen nicht viel besser würde gelungen sein. Der Hauptfehler war, ich hatte mich zu lange mit dem Stücke getragen, ein dramatisches Werk aber kann und soll nur die Blüte eines einzigen Sommers sein. Auch der Plan war für die Grenzen und Regeln eines dramatischen Werks zu weitläufig angelegt. Dieser Plan z. B. foderte, daß Marquis Posa das uneingeschränkteste Vertrauen Philipps davontrug; aber zu dieser außerordentlichen Wirkung erlaubte mir die Ökonomie des Stücks nur eine einzige Szene.

Bei meinem Freunde werden mich diese Aufschlüsse vielleicht rechtfertigen, aber nicht bei der Kunst. Möchten sie indessen doch nur die vielen Deklamationen beschließen, womit von dieser Seite her von den Kritikern gegen mich ist Sturm gelaufen worden.«

NA 22,137–139.

Zweiter Brief

Schiller charakterisiert Posas Persönlichkeit:

»Der Charakter des Marquis Posa ist fast durchgängig für
zu idealisch gehalten worden; inwiefern diese Behauptung
Grund hat, wird sich dann am besten ergeben, wenn man
die eigentümliche Handlungsart dieses Menschen auf ihren wahren Gehalt zurückgeführt hat. [...] [Schiller wendet sich gegen die Ansichten, die Posa als unwirklich hin-
stellen.]
Was man gegen diesen Charakter aus dem Zeitalter ein-
wendet, in welchem ich ihn auftreten lasse, dünkt mir vielmehr f ü r als w i d e r ihn zu sprechen. Nach dem Beispiel
aller großen Köpfe entsteht er zwischen Finsternis und
Licht, eine hervorragende isolierte Erscheinung. Der Zeitpunkt, wo er sich bildet, ist allgemeine Gärung der Köpfe,
Kampf der Vorurteile mit der Vernunft, Anarchie der Meinungen, Morgendämmerung der Wahrheit – von jeher die
Geburtsstunde außerordentlicher Menschen. [...] Sagen Sie
selbst, mein Freund – das kühnste Ideal einer Menschen-
republik, allgemeiner Duldung und Gewissensfreiheit, wo
konnte es besser und wo natürlicher zur Welt geboren werden als in der Nähe Philipps II. und seiner Inquisition?
Alle Grundsätze und Lieblingsgefühle des Marquis drehen
sich um r e p u b l i k a n i s c h e Tugend. Selbst seine Aufopferung für seinen Freund beweist dieses, denn Aufopfe-
rungsfähigkeit ist der Inbegriff aller republikanischen Tugend.
Der Zeitpunkt, worin er auftrat, war gerade derjenige,
worin stärker als je von Menschenrechten und Gewissensfreiheit die Rede war. Die vorhergehende Reformation
hatte diese Ideen zuerst in Umlauf gebracht, und die flandrischen Unruhen erhielten sie in Übung. Seine Unabhän-
gigkeit von außen, sein Stand als Malteserritter selbst
schenkten ihm die glückliche Muße, diese spekulative
Schwärmerei zur Reife zu brüten. [...]

Wenn die Geschichte reich an Beispielen ist, daß man für M e i n u n g e n alles Irdische hintansetzen kann, wenn man dem grundlosesten Wahn die Kraft beilegt, die Gemüter der Menschen auf einen solchen Grad einzunehmen, daß sie aller Aufopferungen fähig gemacht werden: so wäre es sonderbar, der W a h r h e i t diese Kraft abzustreiten. [...] Zwei Handlungen des Marquis sind es vorzüglich, an denen man, wie Sie mir sagen, Anstoß genommen hat: sein Verhalten gegen den König in der 10ten Szene des dritten Aufzug, und die Aufopferung für seinen Freund. Aber es könnte sein, daß die Freimütigkeit, mit der er dem Könige seine Gesinnungen vorträgt, weniger auf Rechnung seines Muts als seiner genauen Kenntnis von jenes Charakter käme, und mit aufgehobener Gefahr würde sonach auch der Haupteinwurf gegen diese Szene gehoben.«

NA 22,139–142. [Auszüge.]

In den Briefen *drei* bis *sieben* stellt Schiller das Verhältnis zwischen Karlos und Posa dar.

Dritter Brief

Schiller geht davon aus, dass viele Leser den *Karlos* als das »Gemälde« einer »s c h w ä r m e r i s c h e n F r e u n d s c h a f t« ansehen. In der Jugendzeit schlossen Karlos und Posa Freundschaft. »Harmonie der Gefühle, eine gleiche Liebhaberei für das Große und Schöne, ein gleicher Enthusiasmus für Wahrheit, Freiheit und Tugend hatte sie damals aneinander geknüpft.« Aber schon damals, als für Posa bereits die »Gefühle für Freiheit und Menschenadel« lebendiger waren als die Gefühle der Freundschaft für Karlos, »war es weniger Liebe als Dankbarkeit, weniger Freundschaft als Mitleid, was den M a r q u i s dem Prinzen gewann«. Nach der Trennung von Posa bleibt dem Prinzen nur ein Gefühl der Leere, das schließlich ersetzt wird durch

»erste Liebe«, und er versinkt, ohne Kraft des Widerstands, »in einen schmerzhaft wollüstigen Zustand des Leidens«. [...] »Heftiger fühlt er das Bedürfnis der Sympathie, weil er allein ist und unglücklich. So findet ihn sein zurückkommender Freund.«

Anders steht es um Posa. »Aus einem müßigen Enthusiasten ist ein tätiger handelnder Mensch geworden. Jene ehemaligen Träume und Ahndungen, die noch dunkel und unentwickelt in seiner Seele lagen, haben sich zu klaren Begriffen geläutert, müßige Entwürfe in Handlung gesetzt, ein allgemeiner unbestimmter Drang zu wirken ist in zweckmäßige Tätigkeit übergegangen. Der Geist der Völker wird von ihm studiert, ihre Kräfte, ihre Hülfsmittel abgewogen, ihre Verfassungen geprüft; im Umgange mit verwandten Geistern gewinnen seine Ideen Vielseitigkeit und Form; geprüfte Weltleute, wie ein Wilhelm von Oranien, Coligny u. a. nehmen ihnen das Romantische und stimmen sie allmählich zu pragmatischer Brauchbarkeit herunter.

Bereichert mit tausend neuen fruchtbaren Begriffen, voll strebender Kräfte, schöpferischer Triebe, kühner und weit umfassender Entwürfe, mit geschäftigem Kopf, glühendem Herzen, von den großen begeisternden Ideen allgemeiner menschlicher Kraft und menschlichen Adels durchdrungen, und feuriger für die Glückseligkeit dieses großen Ganzen entzündet, das ihm in so vielen Individuen vergegenwärtigt war, so kommt er jetzt von der großen Ernte zurück, brennend von Sehnsucht, einen Schauplatz zu finden, auf welchem er diese Ideale realisieren, diese gesammelten Schätze in Anwendung bringen könnte. Flanderns Zustand bietet sich ihm dar. Alles findet er hier zu einer Revolution zubereitet. Mit dem Geiste, den Kräften und Hülfsquellen dieses Volks bekannt, die er gegen die Macht seines Unterdrückers berechnet, sieht er das große Unternehmen schon als geendigt an. Sein Ideal republikanischer Freiheit kann kein günstigeres Moment

und keinen empfänglichern Boden finden. [...] Hier, und
hier erst, erinnert er sich lebhaft des Freundes, den er
mit glühenden Gefühlen für Menschenglück in Alcala ver-
ließ. Ihn denkt er sich jetzt als Retter der unterdrückten
Nation, als das Werkzeug seiner hohen Entwürfe.«
Posa ist enttäuscht; einen »Heldencharakter hatte er erwartet, der sich nach Taten sehnte, wozu er ihm jetzt den
Schauplatz eröffnen wollte [...] und findet Leidenschaft
für die Gemahlin seines Vaters«.
Posa als bloßer Freund hätte um Karlos zittern müssen;
Posa als »Sachwalter Flanderns« will die Leidenschaft des
Prinzen für seine Zwecke nützen, wobei er auf die Mit-
hilfe der Königin rechnet. Sorge bereitet ihm nur, dass er
in Karlos' Liebe zur Königin Sinnlichkeit zu bemerken
meint. »Alle Hoffnungen, die er auf Karlos' Liebe zur
Königin für seine Niederlande gegründet hat, stürzten da-
hin, wenn diese Liebe von ihrer Höhe heruntersank.« Er
versucht deshalb den Freund zu überreden, sich heimlich
in die Niederlande zu begeben. »Wo ist bei ihm das Interesse für den Prinzen nicht den mehr Interesse für die
Menschheit untergeordnet? Fest und beharrlich geht der
Marquis seinen großen kosmopolitischen Gang, und alles,
was um ihn herum vorgeht, wird ihm nur durch die Verbindung wichtig, in der es mit diesem höhern Gegenstande steht.«

NA 22,142–151. [Auszüge.]

Vierter Brief

Posa liebt das Menschengeschlecht mehr als Karlos. »Da
es Karlos ist, der dieses Ideal von Menschenglück wirklich
machen soll, so trägt er es auf ihn über, so faßt er zuletzt
beides in Einem Gefühl unzertrennlich zusammen. In
Karlos allein schaut er seine feurig geliebte Menschheit
itzt an; sein Freund ist der Brennpunkt, in welchem alle
seine Vorstellungen von jenem zusammengesetzten Gan-

zen sich sammeln. Es wirkt also doch nur in Einem Gegenstand auf ihn, den er mit allem Enthusiasmus und allen
Kräften seiner Seele umfaßt [...]. Hier ist also Liebe zu Einem Wesen, ohne Hintansetzung der allgemeinen – sorg-
same Pflege der Freundschaft, ohne das Unbillige, das
Ausschließende dieser Leidenschaft. Hier allgemeine, alles
umfassende Philanthropie, in einen einzigen Feuerstrahl
zusammengedrängt.
Und sollte eben das dem Interesse geschadet haben, was es
veredelt hat? Dieses Gemälde von Freundschaft sollte an
Rührung und Anmut verlieren, was es an Umfang gewann? Der Freund des Karlos sollte darum weniger Anspruch auf unsre Tränen und unsre Bewunderung haben,
weil er mit der beschränktesten Äußerung des wohlwol-
lenden Affekts seine weiteste Ausdehnung verbindet und
das Göttliche der universellen Liebe durch ihre mensch-
lichste Anwendung mildert?
Mit der neunten Szene des dritten Aufzugs öffnet sich ein
ganz neuer Spielraum für diesen Charakter.«

                                                        NA 22,151f.

Fünfter Brief

Schiller verweist auf die Handlung des Stückes: »Leidenschaft für die Königin hat endlich den Prinzen bis an den
Rand des Verderbens geführt.« Andererseits haben die
»Schmerzen der Eifersucht« König Philipp »aus dem un-
natürlichen Zwang seines Standes in den ursprünglichen
Stand der Menschheit zurückversetzt, haben ihn das Leere
und Gekünstelte seiner Despotengröße fühlen und Wünsche in ihm aufsteigen lassen, die weder Macht noch Hoheit befriedigen kann.
[...] Durch Karlos Leidenschaft für die Königin und deren
unausbleibliche Folgen bei dem König wurde dem Marquis seine ganze Laufbahn geschaffen: darum war es nötig,
daß auch das ganze Stück mit jener eröffnet wurde. Gegen

sie mußte der Marquis selbst so lange in Schatten gestellt werden und sich, bis er von der ganzen Handlung Besitz nehmen konnte, mit einem untergeordneten Interesse begnügen, weil er von ihr allein alle Materialien zu seiner künftigen Tätigkeit empfangen konnte. Die Aufmerksamkeit des Zuschauers durfte also durchaus nicht vor der Zeit davon abgezogen werden, und darum war es nötig, daß sie bis hieher als Haupthandlung beschäftigte, das Interesse hingegen, das nachher das herrschende werden sollte, nur durch Winke von ferne angekündigt wurde. Aber sobald das Gebäude steht, fällt das Gerüste. Die Geschichte von Karlos Liebe, als die bloß vorbereitende Handlung, weicht zurück, um derjenigen Platz zu machen, für welche allein sie gearbeitet hatte.

Nämlich jene verborgenen Motive des Marquis, welche keine andre sind als Flanderns Befreiung und das künftige Schicksal der Nation, Motive, die man unter der Hülle seiner Freundschaft bloß geahndet hat, treten jetzt sichtbar hervor und fangen an, sich der ganzen Aufmerksamkeit zu bemächtigen. Karlos, wie aus dem Bisherigen zur Genüge erhellet, wurde von ihm nur als das einzige unentbehrliche Werkzeug zu jenem feurig und standhaft verfolgten Zwecke betrachtet und als ein solches mit eben dem Enthusiasmus wie der Zweck selbst umfaßt.«

Durch Karlos sieht er die Möglichkeit, sein Ziel zu erreichen, als er die Einladung zu dem Gespräch mit König Philipp erhält.

NA 22,152–154. [Auszüge.]

Sechster Brief

Posa erwartet von dem Gespräch mit dem König zunächst nichts anderes, als dass er »die Vorurteile dieses Menschen auf einen Augenblick zu erschüttern« vermöchte.

»Aber Posa hatte den König wirklich zu flach, zu obenhin beurteilt, oder wenn er ihn auch gekannt hätte, so war er

doch von der damaligen Gemütslage desselben zu
wenig unterrichtet, um sie mit in Berechnung zu bringen.
[...] Kühn gemacht durch einen Erfolg, der all sein Hoffen
übertraf, und durch einige Spuren von Humanität, die
ihn an dem Könige überraschen, in Feuer gesetzt, verirrt
er sich auf einen Augenblick bis zu der ausschweifenden
Idee, sein herrschendes Ideal von Flanderns Glück u. s. w.
unmittelbar an die Person des Königs anzuknüpfen, es unmittelbar durch diesen in Erfüllung zu bringen. Diese Voraussetzung setzt ihn in eine Leidenschaft, die den ganzen
Grund seiner Seele eröffnet, alle Geburten seiner Phantasie, alle Resultate seines stillen Denkens ans Licht bringt
und deutlich zu erkennen gibt, wie sehr ihn diese Ideale
beherrschen. Jetzt in diesem Zustand der Leidenschaft
werden alle die Triebfedern sichtbar, die ihn bis jetzt in
Handlung gesetzt haben, jetzt ergeht es ihm wie jedem
Schwärmer, der von seiner herrschenden Idee überwältigt
wird. Er kennt keine Grenzen mehr, im Feuer seiner Begeisterung veredelt er sich den König, der mit
Erstaunen ihm zuhört, und vergißt sich so weit, Hoffnungen auf ihn zu gründen, worüber er in den nächsten ruhigen Augenblicken erröten wird. An Karlos wird jetzt
nicht mehr gedacht. Was für ein langer Umweg, erst auf
diesen zu warten! Der König bietet ihm eine weit nähere
und schnellere Befriedigung dar. Warum das Glück der
Menschheit bis auf seinen Erben verschieben?
[...] Das Feuer und die Freimütigkeit, womit Posa seine
Lieblingsgefühle, die bis jetzt zwischen Karlos und ihm
Geheimnisse waren, dem Könige vortrug, und der Wahn,
daß dieser sie verstehen, ja gar in Erfüllung bringen könnte, war eine offenbare Untreue, deren er sich gegen seinen
Freund Karl schuldig machte. Posa, der Weltbürger, durfte so handeln, und ihm allein kann es vergeben werden; an
dem Busenfreunde Karls wäre es eben so verdammlich, als
es unbegreiflich sein würde.«

NA 22,155–157. [Auszüge.]

Siebenter Brief

»Posa empfand es recht gut, wieviel seinem Freunde Karlos dadurch entzogen worden, daß er den König zum Vertrauten seiner Lieblingsgefühle gemacht und einen Versuch auf dessen Herz getan hatte. Eben weil er fühlte, daß diese Lieblingsgefühle das e i g e n t l i c h e Band ihrer Freundschaft waren, so wußte er auch nicht anders, als daß er diese in eben dem Augenblicke gebrochen hatte, wo er jene bei dem Könige profanierte. Das wußte Karlos nicht, aber Posa wußte es recht gut, daß diese Philosophie und diese Entwürfe für die Zukunft das heilige P a l l a d i u m   i h r e r   F r e u n d s c h a f t und der wichtige Titel waren, unter welchem Karlos sein Herz besaß; eben weil er das wußte und im Herzen voraussetzte, daß es auch Karln nicht unbekannt sein könnte – wie konnte er es wagen, ihm zu bekennen, daß er dieses Palladium veruntreut hätte? Ihm gestehen, was zwischen ihm und dem König vorgegangen war, mußte in seinen Gedanken ebenso viel heißen als ihm ankündigen, daß es eine Zeit gegeben, wo er ihm nichts mehr war. Hatte aber Karlos künftiger Beruf zum Thron, hatte der Königssohn keinen Anteil an dieser Freundschaft, war sie etwas vor sich Bestehendes und durchaus n u r Persönliches, so konnte sie durch jene Vertraulichkeit gegen den König zwar beleidigt, aber nicht verraten, nicht zerrissen worden sein; so konnte dieser zufällige Umstand ihrem Wesen nichts anhaben. Es war Delikatesse, es war Mitleid, daß Posa, der Weltbürger, dem k ü n f t i g e n Monarchen die Erwartungen verschwieg, die er auf den j e t z i g e n gegründet hatte; aber Posa, Karlos Freund, konnte sich durch nichts schwerer vergehen als durch diese Zurückhaltung selbst.«

NA 22,158 f.

Mit der Idee seines Stückes beschäftigte sich Schiller im 8. bis 10. Brief.

Achter Brief

Schiller verweist auf die Bedeutung seiner bisherigen Darlegung:

»Wird nämlich das letzte Ziel von Posas Bestrebungen über den Prinzen hinaus gerückt, ist ihm dieser nur als Werkzeug zu einem höhern Zwecke so wichtig, befriedigt er durch seine Freundschaft für ihn einen andern Trieb als nur diese Freundschaft, so kann dem Stücke selbst nicht wohl eine engere Grenze gesteckt sein – so muß der letzte Endzweck des Stückes mit dem Zwecke des Marquis wenigstens zusammenfallen. Das große Schicksal eines ganzen Staats, das Glück des menschlichen Geschlechts auf viele Generationen hinunter, worauf alle Bestrebungen des Marquis, wie wir gesehen haben, hinauslaufen, kann nicht wohl Episode zu einer Handlung sein, die den Ausgang einer Liebesgeschichte zum Zweck hat. Haben wir einander also über Posas Freundschaft mißverstanden, so fürchte ich, wir haben es auch über den letzten Zweck der ganzen Tragödie. [...]

Und was wäre also die sogenannte Einheit des Stückes, wenn es Liebe nicht sein soll und Freundschaft nie sein konnte? Von jener handeln die drei ersten Akte, von dieser die zwei übrigen, aber keine von beiden beschäftigt das Ganze. Die Freundschaft opfert sich auf, und die Liebe wird aufgeopfert, aber weder diese noch jene ist es, der dieses Opfer von der andern gebracht wird. Also muß noch etwas Drittes vorhanden sein, das verschieden ist von Freundschaft und Liebe, für welches beide gewirkt haben und welchem beide aufgeopfert worden – und wenn das Stück eine Einheit hat, wo anders als in diesem Dritten könnte sie liegen?«

Schiller verweist auf den Lieblingsgedanken des Jahrzehnts: »Verbreitung reinerer sanfterer Humanität, über die höchstmögliche Freiheit der Individuen bei des Staates höchster Blüte, kurz, über den vollendetsten Zustand der Menschheit, wie er in ihrer Natur und ihren Kräften als erreichbar angegeben liegt«. Im Spanien des 16. Jahrhunderts scheint sich eine Gelegenheit für die Darstellung solcher Ideen anzubieten: »Freiheitssinn mit Despotismus im Kampfe, die Fesseln der Dummheit zerbrochen, tausendjährige Vorurteile erschüttert, eine Nation, die ihre Menschenrechte wieder fodert, republikanische Tugenden in Ausübung gebracht, hellere Begriffe im Umlauf, die Köpfe in Gärung, die Gemüter von einem begeisterten Interesse gehoben – und nun, um die glückliche Konstellation zu vollenden, eine schön organisierte Jünglingsseele am Thron, in einsamer, unangefochtener Blüte unter Druck und Leiden hervorgegangen.«

Ein Sohn Philipps II., der streng bewacht und erzogen wird, gelangt durch den Einfluss seines Freundes zu seiner »liberalen Philosophie«. »Eine Geburt der Freundschaft also ist diese heitre menschliche Philosophie, die der Prinz auf dem Throne in Ausübung bringen will. Sie kleidet sich in alle Reize der Jugend, in die ganze Anmut der Dichtung; mit Licht und Wärme wird sie in seinem Herzen niedergelegt, sie ist die erste Blüte seines Wesens, sie ist seine e r s t e L i e b e. Dem Marquis liegt äußerst viel daran, ihr diese jugendliche Lebendigkeit zu erhalten, sie als einen Gegenstand der Leidenschaft bei ihm fortdauren zu lassen, weil nur Leidenschaft ihm die Schwierigkeiten besiegen helfen kann, [...].

Unter beiden Freunden bildet sich also ein e n t h u s i a s - t i s c h e r E n t w u r f, d e n g l ü c k l i c h s t e n Z u s t a n d h e r v o r z u b r i n g e n, d e r d e r m e n s c h l i c h e n G e - s e l l s c h a f t e r r e i c h b a r i s t, und von diesem e n - t h u s i a s t i s c h e n E n t w u r f e, w i e e r n ä m l i c h i n K o n f l i k t m i t d e r L e i d e n s c h a f t e r s c h e i n t, handelt das gegenwärtige Drama. Die Rede war also davon, einen F ü r s t e n aufzustellen, der das höchste mögliche Ideal bürgerlicher Glückseligkeit für sein Zeitalter wirklich machen sollte – nicht diesen Fürsten erst zu diesem Zwecke zu

erziehen; denn dieses mußte längst vorhergegangen sein
und konnte auch nicht wohl zum Gegenstand eines solchen
Kunstwerks gemacht werden; noch weniger ihn zu diesem
Werke wirklich Hand anlegen zu lassen, denn wie sehr
würde dieses die engen Grenzen eines Trauerspiels überschritten haben? – Die Rede war davon, diesen Fürsten nur
zu z e i g e n, den Gemütszustand in ihm herrschend zu machen, der einer solchen Wirkung zum Grunde liegen muß,
und ihre s u b j e k t i v e Möglichkeit auf einen hohen Grad
der Wahrscheinlichkeit zu erheben, unbekümmert, ob
Glück und Zufall sie wirklich machen wollen.«

NA 22,160–164. [Auszüge.]

Neunter Brief

Karlos muss sich gegen alle inneren Schwierigkeiten bewähren, wenn er Großes fertigbringen will. »[...] wenn
wir ihn glücklich mit einem i n n e r l i c h e n Feind haben
ringen sehen, können wir ihm den Sieg über die äußerli-
chen Hindernisse zusagen, die sich ihm auf der kühnen
Reformantenbahn entgegen werfen werden; dann nur,
wenn wir ihn in den Jahren der Sinnlichkeit, bei dem heftigen Blut der Jugend, der Versuchung haben Trotz bieten
sehen, können wir ganz sicher sein, daß sie dem reifen
Manne nicht gefährlich mehr sein wird. Und welche Leidenschaft konnte mir diese Wirkung in größerem Maße
leisten als die mächtigste von allen, die L i e b e ?
[...] An einem verderbten sittenlosen Hofe hat er die Reinigkeit der ersten Unschuld erhalten, nicht seine L i e b e,
auch nicht Anstrengung durch Grundsätze, ganz allein
sein moralischer Instinkt hat ihn vor dieser Befleckung
bewahrt. [...]
Der Prinzessin von Eboli gegenüber, die sich aus Leidenschaft und Plan so oft gegen ihn vergißt, zeigt er eine Unschuld, die der E i n f a l t sehr nahe kommt; wie viele, die

diese Szene lesen, würden die Prinzessin weit schneller verstanden haben. Meine Absicht war, in seine Natur eine Reinigkeit zu legen, der keine Verführung etwas anhaben kann. Der Kuß, den er der Prinzessin gibt, war, wie er selbst sagt, der erste seines Lebens, und dies war doch gewiß ein sehr tugendhafter Kuß! Aber auch über eine feinere Verführung sollte man ihn erhaben sehen; daher die ganze Episode der Prinzessin von Eboli, deren buhlerische Künste an seiner besseren Liebe scheitern. Mit dieser Liebe allein hätte er es also zu tun, und ganz wird ihn die Tugend haben, wenn es ihm gelungen sein wird, auch noch diese Liebe zu besiegen; und davon handelt nun das Stück. [...] Ein weiches, wohlwollendes Herz, Enthusiasmus für das Große und Schöne, Delikatesse, Mut, Standhaftigkeit, uneigennützige Großmut sollte er besitzen, schöne und helle Blicke des Geistes sollte er zeigen, aber weise sollte er nicht sein. Der künftige große Mann sollte in ihm schlummern, aber ein feuriges Blut sollte ihm jetzt noch nicht erlauben, es wirklich zu sein. [...] Darauf kam es ja eigentlich erst an, ihn dieser Vollkommenheit näher zu bringen, die ihm jetzt noch mangelt; ein mehr vollendeter Charakter des Prinzen hätte mich des ganzen Stücks überhoben.«

Die Gestalt des Prinzen soll sich auf dem Hintergrund des Despotismus besonders deutlich abheben:

»Wir verachten diese Größe, aber wir trauern über seinen Mißverstand, weil wir auch selbst aus dieser Verzerrung noch Züge von Menschheit herauslesen, die ihn zu einem der Unsrigen machen, weil er auch bloß durch die übrig gebliebenen Reste der Menschheit elend ist. Je mehr uns aber dieses schreckhafte Gemälde zurückstößt, desto stärker werden wir von dem Bilde sanfter Humanität angezogen, die sich in Karlos, in seines Freundes und in der Königin Gestalt vor unsern Augen verklärt.

Und nun, lieber Freund, übersehen Sie das Stück aus diesem neuen Standort noch einmal. Was Sie für Ü b e r l a d u n g gehalten, wird es jetzt vielleicht weniger sein; in der E i n h e i t, worüber wir uns jetzt verständigt haben, werden sich alle einzelnen Bestandteile desselben auflösen lassen.«

NA 22,164–167. [Auszüge.]

Zehnter Brief

[Posa will seine Absicht] »durch ein einziges Subjekt ausführen: durch einen Fürsten nämlich, der Anwartschaft hat, den größten Thron der Welt zu besteigen, und durch diesen erhabenen Standpunkt zu einem solchen Werke fähig gemacht wird. In diesem einzigen Subjekte macht er die Ideenreihe und Empfindungsart herrschend, woraus jene wohltätige Wirkung als eine notwendige Folge fließen muß. Vielen dürfte dieser Gegenstand für die dramatische Behandlung zu abstrakt und zu ernsthaft scheinen, und wenn sie sich auf nichts als das Gemälde einer Leidenschaft gefaßt gemacht haben, so hätte ich freilich ihre Erwartung getäuscht; aber es schien mir eines Versuchs nicht ganz unwert, ›Wahrheiten, die jedem, der es gut mit seiner Gattung meint, die h e i l i g s t e n sein müssen, und die bis jetzt nur das Eigentum der Wissenschaften waren, in das Gebiet der schönen Künste herüberzuziehen, mit Licht und Wärme zu beseelen und, als lebendig wirkende Motive in das Menschenherz gepflanzt, in einem kraftvollen Kampfe mit der Leidenschaft zu zeigen.‹ Hat sich der Genius der Tragödie für diese Grenzenverletzung an mir gerochen, so sind deswegen einige nicht ganz unwichtige Ideen, die hier niedergelegt sind, für – den redlichen Finder nicht verloren, den es vielleicht nicht unangenehm überraschen wird, Bemerkungen, deren er sich aus seinem Montesquieu erinnert, in einem Trauerspiel angewandt und bestätigt zu sehen.«

NA 22,168.

Elfter Brief

Schiller beschäftigt sich mit der Frage, weshalb sich Posa
»einer despotischen Willkür über seinen Freund anmaße,
daß er ihn blind, wie einen Unmündigen, leite und ihn
eben dadurch an den Rand des Untergangs führe. [...] Warum nimmt er seine Zuflucht zur Intrige, wo er durch
ein gerades Verfahren ungleich schneller und ungleich
sicherer zum Ziele würde gekommen sein?
[...] Unstreitig! der Charakter des Marquis von Posa hätte
an Schönheit und Reinigkeit gewonnen, wenn er durchaus
gerader gehandelt hätte und über die unedeln Hülfsmittel der Intrige immer erhaben geblieben wäre. Auch geste-
he ich, dieser Charakter ging mir nahe, aber, was ich für
Wahrheit hielt, ging mir näher. Ich halte für Wahrheit,
›daß Liebe zu einem wirklichen Gegenstande und
Liebe zu einem Ideal sich in ihren Wirkungen ebenso
ungleich sein müssen, als sie in ihrem Wesen von einander
verschieden sind – daß der uneigennützigste, reinste und
edelste Mensch aus enthusiastischer Anhänglichkeit an
seine Vorstellung von Tugend und hervorzubringendem Glück sehr oft ausgesetzt ist, ebenso willkürlich
mit den Individuen zu schalten, als nur immer der selbstsüchtigste Despot, weil der Gegenstand von beider Bestrebungen in ihnen, nicht außer ihnen wohnt, und
weil jener, der seine Handlungen nach einem innern Geis-
tesbilde modelt, mit der Freiheit anderer beinahe ebenso
im Streit liegt als dieser, dessen letztes Ziel sein eigenes Ich ist.‹ Wahre Größe des Gemüts führt oft nicht
weniger zu Verletzungen fremder Freiheit als der Egoismus und die Herrschsucht, weil sie um der Handlung,
nicht um des einzelnen Subjekts willen handelt. Eben weil
sie in steter Hinsicht auf das Ganze wirkt, verschwindet
nur allzuleicht das kleinere Interesse des Individuums in
diesem weiten Prospekte. Die Tugend handelt groß um
des Gesetzes willen, die Schwärmerei um ihres Ideales

willen, die Liebe um des Gegenstandes willen. Aus der
ersten Klasse wollen wir uns Gesetzgeber, Richter, Könige, aus der zweiten H e l d e n , aber nur aus der dritten unsern Freund erwählen. Diese erste v e r e h r e n , die zwote
b e w u n d e r n , die dritte l i e b e n wir. Karlos hat Ursache
gefunden, es zu bereuen, daß er diesen Unterschied außer
acht ließ und einen großen Mann zu seinem Busenfreund
machte.
[...] Geräuschlos, ohne Gehülfen, in stiller Größe zu wirken, ist des Marquis Schwärmerei. Still, wie die Vorsicht
für einen Schlafenden sorgt, will er seines Freundes
Schicksal auflösen, er will ihn retten, wie ein Gott – und
eben dadurch richtet er ihn zu Grunde. Daß er zu sehr
nach seinem Ideal von Tugend in die Höhe und zu wenig
auf seinen Freund herunter blickte, wurde beider Verderben. Karlos verunglückte, weil sein Freund sich nicht be-
gnügte, ihn auf eine gemeine Art zu erlösen.«
Schiller hielt es für besser, Posa so zu zeichnen, um eine
wichtige Erfahrung zu zeigen: »Diese meine ich, daß man
sich in moralischen Dingen nicht ohne Gefahr von dem
natürlichen praktischen Gefühl entfernt, um sich zu allgemeinen Abstraktionen zu erheben, daß sich der Mensch
weit sicherer den Eingebungen seines Herzens oder dem
schon gegenwärtigen und individuellen Gefühle von
Recht und Unrecht vertraut als der gefährlichen Leitung
universeller Vernunftideen, die er sich künstlich erschaffen hat – denn nichts führt zum G u t e n , was nicht n a -
t ü r l i c h ist.«

NA 22,169–172. [Auszüge.]

Zwölfter Brief

Kritiker haben bemängelt, dass sich Posa in einen Tod
stürzt, den er doch durch Flucht leicht hätte vermeiden
können. Er stirbt sicher nicht »nur« für den Prinzen, für
den er auch nicht gelebt hat, »er stirbt, um für sein – in

des Prinzen Seele niedergelegtes – Ideal alles zu tun und zu geben, was ein Mensch für etwas tun und geben kann, das ihm das Teuerste ist; um ihm auf die nachdrücklichste Art, die er in seiner Gewalt hat, zu zeigen, wie sehr er an die Wahrheit und Schönheit dieses Entwurfes glaube, und wie wichtig ihm die Erfüllung desselben sei; er stirbt dafür, warum mehrere große Menschen für eine Wahrheit starben, die sie von vielen befolgt und beherzigt haben wollten; um durch sein Beispiel darzutun, wie sehr sie es wert sei, daß man alles für sie leide.«

Schiller hält es nicht für wichtig, »wie notwendig, wie natürlich und wie nützlich« Posas Handeln tatsächlich war, sondern wie es diesem selbst erschienen ist. Posa ist unwillig über sich selbst, denn er hat »durch seine unglückliche Zurückhaltung den Prinzen zu dieser Übereilung [der Prinzessin Eboli sein Geheimnis zu offenbaren] hingerissen. Schmerz und Verzweiflung: er sieht seinen Freund verloren, er sieht in seinem Freund alle Hoffnungen verloren, die er auf denselben gegründet hat.«

Die rechnende Vernunft fehlt ihm. Von allen Auswegen denkt er zunächst an den »heroischen«. Der Unwille, den er über sich selbst empfindet, weil er den Freund durch seine Unbesonnenheit in Gefahr brachte, bringt ihn dazu, »die Rettung seines Freundes auf seine Unkosten zu bewirken«. Posa »sucht in sich, nicht außer sich, Hülfe; und wenn der bloß kluge Mensch sein erstes hätte sein lassen, die Lage, in der er sich befindet, von allen Seiten zu prüfen, bis er ihr endlich einen Vorteil abgewonnen: so ist es im Gegenteil ganz im Charakter des heldenmütigen Schwärmers gegründet, sich diesen Weg zu verkürzen, sich durch irgend eine außerordentliche Tat, durch eine augenblickliche Erhöhung seines Wesens bei sich selbst wieder in Achtung zu setzen. So wäre denn der Entschluß des Marquis gewissermaßen schon als ein heroisches Palliativ erklärbar, wodurch er sich einem augenblicklichen Gefühl von Dumpfheit und Verzagung, dem schrecklichsten Zustand für einen solchen Geist, zu entreißen sucht. Setzen Sie dann noch hinzu, daß schon seit seinem Knabenalter, schon von dem Tage an, da sich Karlos freiwillig für ihn einer schmerzhaften Strafe darbot, das Verlangen, ihm diese großmütige Tat zu erstatten, seine Seele beunruhigte, ihn gleich einer unbezahlten Schuld marterte und das Gewicht der vorhergehenden Gründe in diesem Augenblick also nicht wenig verstärken muß. Daß ihm diese Erinnerung wirklich vorgeschwebt, beweist eine Stelle, wo sie ihm unwillkürlich entwischte. Karlos dringt darauf, daß er fliehen soll, ehe die Folgen seiner kecken Tat eintreffen. ›War ich auch so gewissenhaft, Karlos,‹ gibt er ihm zur Antwort, ›da du, ein Knabe, für mich geblutet hast?‹ Die Königin, von ihrem Schmerz hingerissen, beschuldigt ihn sogar, daß er diesen Entschluß längst schon mit sich herumgetragen [...].

Endlich will ich ja den Marquis von Schwärmerei durchaus nicht freigesprochen haben. Schwärmerei und Enthusiasmus berühren einander so nahe, ihre Unterscheidungslinie ist so fein, daß sie im Zustande leidenschaftlicher Erhitzung nur allzu leicht überschritten werden kann. Und der Marquis hat nur wenige Augenblicke zu dieser Wahl! Dieselbe Stellung des Gemüts, worin er die Tat beschließt, ist auch dieselbe, worin er den unwiderruflichen Schritt zu ihrer Ausführung tut. Es wird ihm nicht so gut, seinen Entschluß in einer andern Seelenlage noch einmal anzuschauen, ehe er ihn in Erfüllung bringt – wer weiß, ob er ihn dann nicht anders gefaßt hätte! Eine solche andere Seelenlage z. B. ist die, worin er von der Königin geht. ›O!‹ ruft er aus, ›das Leben ist doch schön!‹ – Aber diese Entdeckung macht er zu spät. Er hüllt sich in die Größe seiner Tat, um keine Reue darüber zu empfinden.«

NA 22,174–177. [Auszüge.]

V. Neuere Deutungsansätze

HEINER MÜLLERS politisches »Greuelmärchen« *Leben Gundlings Friedrich von Preußen Lessings Schlaf Traum Schrei* (1979) behandelt am Beispiel der Erziehung des jungen Prinzen Friedrich im preußischen Staat in neun Szenen einer Collage das Scheitern bürgerlicher Freiheitsideale und die Unvereinbarkeit von politischer Macht und Empfindsamkeit. In der zweiten Szene mit dem Titel »Preußische Spiele« steigert sich das Interaktionsspiel des Infanten, seiner Schwester Wilhelmine und des jungen Leutnants Katte bis zu versuchtem Vatermord und Brutalität:

»1

Friedrich, seine Schwester Wilhelmine, Leutnant Katte spielen Blindekuh. Während Katte mit verbundenen Augen herumtappt, tauschen Friedrich und Wilhelmine die Kleidung. Friedrich und Wilhelmine versuchen einander aus dem Weg zu drängen, wenn Katte auf einen von beiden zugeht. Manchmal wird aus der Berührung ein Streicheln, aus dem Wegdrängen eine Umarmung. Katte gerät an Friedrich, hält ihn, tastet seine (Wilhelmines) Kleider ab, die Perücke, Stirn Augen Mund.

KATTE *(unsicher):* Wilhelmine.
 (Friedrich steht bewegungslos, nur seine Hände zucken. Als er nach Katte greift, ruft)
WILHELMINE: Falsch, falsch, falsch. Ich bin hier. *(Läuft von hinten an Katte heran, nimmt ihm, indem sie sich schwer an ihn lehnt, die Binde von den Augen.)*
FRIEDRICH *(Wilhelmine ignorierend, gekränkt zu Katte):* Laß uns Tragödie spielen. Ich bin Phädra.
 (Wilhelmine zieht sich, ihrerseits gekränkt, in eine Ecke zu-

rück, aus der sie ab und zu hervortritt und Friedrich oder
Katte auf die Hände schlägt, wenn einer nach dem andern
greifen will.)

FRIEDRICH: Ja, Prinz, ich schmachte, brenne für den The-
seus.

...

Mit dir war ich gerettet und verloren.

KATTE: Was hör ich, Götter! ...

...

FRIEDRICH: Leih mir dein Schwert, wenn du den Arm
nicht willst. Gib.
(Friedrich setzt sich Kattes Degen an die Brust. Wilhelmine
kommt aus ihrer Ecke, eine rohe Friedrich-Wilhelm-Maske
vor dem Gesicht, in Gang und Haltung ihres königlichen
Vaters und prügelt mit einem Stock auf Friedrich und Katte
ein. Friedrich und Katte binden sie mit Fetzen ihrer (Fried-
richs) Kleidung an einen Stuhl. Friedrich setzt ihr Kattes
Degen zwischen die Brüste.)
FRIEDRICH: Stirb, mon cher Papa!
(Gelächter von Friedrich und Katte.)

2

Friedrich mit Augenbinde wird von Soldaten hereingeführt,
von der anderen Seite, die Augen unverbunden, aber in Ket-
ten, Leutnant Katte. Hinter Friedrich nimmt das Erschie-
ßungskommando für Katte Aufstellung. Zwischen Friedrich
und Katte läßt sich der König (Friedrich Wilhelm) auf ei-
nen Stuhl nieder, der ihm von zwei Lakaien nachgetragen
wird.

FRIEDRICH WILHELM: Mach Er Seinen Frieden mit Seinem
Vater im Himmel, Er Hundesohn. Ich helf Ihm hinauf,
Sein oberster Kriegsherr, und königlicher Vater, den
Gott mit Ihm geschlagen hat.
FRIEDRICH *(zitternd, leise):* Hundevater.
FRIEDRICH WILHELM: Räsoniert Er. Ich werd Ihm das

Arschficken austreiben und das Französischparlieren.
Halt Er sich grade. Ich will einen Mann aus Ihm machen und einen König. Und wenn ich Ihm alle Knochen
im Leib zerbrechen muß dazu.

KATTE: Mein Prinz.

FRIEDRICH: Ich sehe dich.

*(Auf ein Zeichen von Friedrich Wilhelm nehmen Soldaten
Friedrich die Augenbinde ab. Gleichzeitig werden Katte die
Augen verbunden.)*

KATTE: Ich sterbe für den edelsten Prinzen.

FRIEDRICH *(bedeckt die Augen mit den Händen):* Ich kann
dich nicht sehn.

FRIEDRICH WILHELM: Zeigt ihm die Bescherung.

SOLDATEN: Ich bin der Weihnachtsmann. *(Reißen Friedrich
die Hände von den Augen, halten ihm die Augen auf. Er-
schießung Kattes.)*

FRIEDRICH WILHELM *(steht auf):* Das war Katte.

FRIEDRICH: Sire, das war ich.

3

PROJEKTION (SPRECHER): ABER ES GIBT NICHTS
SCHLECHTERES ALS DEN MENSCHEN; DAVON SEI-
EN SIE ÜBERZEUGT MEIN LIEBER (FRIEDRICH II)

FRIEDRICH *(prügelt fliehende Soldaten, in die Schlacht zurück):* Hunde. Wollt ihr ewig leben.

SOLDATEN: Unser Fritz.
Vivat Fridericus Rex Hurrah.
(Es wird gestorben.)

FRIEDRICH: Ich wollte, ich wäre mein Vater. – Roter
Schnee.
(Friedrich kotzt.)

FRIEDRICH: Les Er mir vor, Catt.
*(Catt stellt einen Klappstuhl auf, Friedrich setzt sich, Rü-
cken zur Schlacht, Gesicht zum Publikum.)*

CATT: Den Plutarch?

FRIEDRICH: Racine.
   (Catt, während die Schlacht fortdauert, liest Racine Britannicus IV.)«

Heiner Müller: Preußische Spiele. Szene aus: Leben Gundlings Friedrich von Preußen Lessings Schlaf Traum Schrei. In: H. M.: Werke 4: Die Stücke 2. Frankfurt a. M.: Suhrkamp, 2001. S. 514–517. – © 2001 Suhrkamp Verlag, Frankfurt am Main.

FRIEDRICH A. KITTLER (geb. 1943) thematisiert in seiner Studie »Carlos als Carlsschüler. Ein Familiengemälde in einem fürstlichen Hause« (1984) das despotische Familienbild des aufgeklärten Absolutismus:

»Wenn die Semiotechnik des despotischen Familienbildes klar ist, bleibt über *Don Carlos* wenig anzumerken. Das Drama sollte eben anfangs ›ein Familiengemählde in einem fürstlichen Hause‹ heißen. Und damit referiert es nicht nur auf Diderots großen Entwurf von bürgerlichem Drama. Denn weder Diderot noch Lessing haben eine Interaktion auf die Bühne gebracht, die Vaterhaß aus Mutterliebe ist; dafür waren ihre Stücke viel zu verliebt in einen Vater-und-Erzieher, dem gegenüber die Mutter randständig blieb. Und damit sprachen sie nur historische Wahrheit. Auch in der Familie Schiller dominierte wie üblich ein Vater, der zudem die pädagogische Menschenpflanzschule seines Herzogs im Miniaturmodell einer Baumschule nachspielte. Daß Schillers Jugendfreunde und Biographen daneben noch eine liebevolle Mutter beschworen haben, aus deren ›Paradies‹ der Herzog das Kind dann entrissen hätte, war nur eine diskursive Erfindung zu dem Zweck, auch den zweiten Klassiker nachträglich, ja postum mit einem Mutterursprung auszustatten, wie deutsche Klassik ihn per definitionem braucht. Kinderparadiese aber, die nicht dokumentiert sind, gibt es nicht. Noch ein Jahrhundert später waren weder Geburtstag noch Geburtshaus Schillers sicher. Also beginnt unser

Klassiker erst mit jenem 17. Januar 1773, als ein despotischer Vater auch ihn zum Sohn erwählte. Denn wie die Wissenschaften von Mensch und Geist, so auch ihr höchster Gegenstand: Die Geburt klassischer Dichtung ist eine zweite, pädagogische Geburt und ›hat sich wohl in jenen ruhmlosen Archiven zugetragen, in denen das moderne System der Zwänge gegen die Körper, die Gesten, die Verhaltensweisen erarbeitet‹ wurde. In Archiven also wie der Carlsschule, die ja ihren Eleven als Nr. 447 und überhaupt registriert hat.

Die Effekte dieser Semiotechnik gehen über alles hinaus, was Schillerbiographen ›die Akademieatmosphäre‹ und einen bloßen Einfluß nennen, der denn auch mit *Fiesco* schon wieder erloschen wäre. Präziser als im *Don Carlos* kann das herzogliche Familiengemälde gar nicht mehr gemalt werden. In dem abgründigen Doppelsinn nämlich, daß die Familie zugleich ein Ganzes aus Vater, Mutter, Kind *und* ein despotisches Simulacrum ist. Nicht umsonst geht Schillers Drama über Diderot oder Lessing hinaus, wenn es sein Familiengemälde in einem fürstlichen Hause ansiedelt. Ohne semiotechnische Listen von Staats wegen wäre auch in Bürgerkreisen ein Mutteridol kaum aufgekommen.

Jene Mutter, die Carlos liebt und begehrt, ist gar keine. Er nennt sie ›Neue Mutter‹, weil seine ›erste Handlung‹ bei Geburt ›ein Muttermord war‹ [31–35]. Wie in vormodernen Tagen üblich, hat der Prinz nur ›Ammen‹ gekannt, bis ein Gewaltakt seines Vaters aus Elisabeth, der gleichaltrigen und mit Carlos verlobten Valois, seine nominelle Mutter gemacht hat. König Philipp, in der Historie 41 Jahre, im Drama dagegen fast ›sechzig Jahre‹ alt [...], raubt dem ›dreiundzwanzigjähr'gen Jüngling‹ [1149] eine Braut, die selber ›kaum zwei und zwanzig Frühlingen entflogen‹ und überdies ›die schönste Frau auf dieser Welt‹ heißt [45]. Altersangaben und Altersunterschiede, die aus einer württembergischen Geschichte wie abgeschrieben sind und nur im Fall Carl Eugen einigermaßen übertreiben. Aber eben das fiktive Greisenalter des fürstlichen Gatten ist es, das seinen Beichtvater zu der bangen Frage veranlaßt, wie eine ›von der Natur zur Zärtlichkeit, zur Wollust ausgestattete‹ Prinzenbraut auf der ›tirannischen Galeere‹ ihres ›freudenlosen Ehestandes‹ überleben kann.

Die Antwort: Elisabeth flieht, wann immer möglich, in ›eine einfache ländliche Gegend, von einer Allee durchschnitten‹ und ihrem ›Landhause begränzt‹. Sie flieht also in ein Hohenheim namens Aranjuez, wo sie dann vertrauliche Unterredungen mit Jünglingen pflegt, die ›Alcalas hohe Schule‹ kaum verlassen haben. Wenn Carlsschüler mehr und anderes leisten, als Gott, Herzog, Schule befehlen und mit offiziellen Orden wieder vergelten können – also beispielsweise bei mehrmaligen Festreden auf Franziska –, stehen Ausflüge nach Hohenheim ja auf dem Programm.

Und dort erwartet sie eine Freundin des Landlebens, die von ihren Auslandsaufenthalten her den englischen Park nach Spanien oder Württemberg importiert hat. Während ihr Gemahl bei Menschen und Gärten ›die prächtige Verstümmlung der Werke Gottes‹ und d. h. französische Parks bevorzugt, plädiert die moderne Elisabeth oder Franziska für englisch belassene ›*Natur*‹. Womit auch ihre religiösen Differenzen mit Philipp schon vorgezeichnet sind. Der erzkatholische König bezichtigt Elisabeth einer ›Schwärmerei‹ (2945), die in Württemberg üblicherweise Pietismus heißt und selbstredend zugleich der Glaube des Infanten ist [vgl. 2473]. Daß Philipp seine Würde in Autodafés setzt, empört die Anmut ›eines Weibes‹, das ›Mensch ist‹ und bleibt.«

Friedrich A. Kittler: Carlos als Carlsschüler. Ein Familiengemälde in einem fürstlichen Hause. In: Unser Commercium. Goethes und Schillers Literaturpolitik. Hrsg. von Wilfried Barner, Eberhard Lämmert und Norbert Oellers. Stuttgart: Cotta, 1984. S. 258–261. – Mit Genehmigung von Friedrich A. Kittler, Berlin.

Elisabeth von Valois
Gemälde von Pantoja de la Cruz (Museo del Prado)

WOLFGANG DÜSING (geb. 1938) rückt in seiner Studie
»Das kühne Traumbild eines neuen Staates. Die Utopie in
Schillers *Don Karlos*« (1994) die widersprüchliche Figur
des Marquis Posa in der Vordergrund:

»Neben dem Gegensatz ›Familiengemälde‹ oder ›politische Tragödie‹ gibt es noch ein weiteres Problem, das die
Einheit des Stückes in Frage stellt und das deshalb immer
wieder diskutiert wurde, der Gegensatz von Ideendrama
und Geschichtsdrama. Es ist Tradition geworden, hierin
eine Art Antinomie zu sehen. Wenn man, was bei einem
dramatischen Werk durchaus angemessen ist, den Widerspruch durch dramatische Figuren konkretisiert, so ist
dieser Auffassung nach König Philipp vor allem Träger
des historischen Gehalts und Marquis Posa Repräsentant
der Idee. Schon für F. Sengle ist Posa ›reiner, ungeschicht-
licher Ideenträger‹. Es gehe Posa nur um ›die bloße Idee
der Gedankenfreiheit‹, nicht um eine ›in der geschichtlichen Welt konkretisierte Freiheit wie bei Goethe‹, heißt es
mit Blick auf den *Egmont*.
Die folgenden Überlegungen haben u. a. das Ziel, diesen
auf den ersten Blick so einleuchtenden Gegensatz von
Idee und Geschichte in der Rolle Marquis Posas als Miß-
verständnis der Intention Schillers nachzuweisen. Daß Posas Rolle mit dem Schlagwort ›Gedankenfreiheit‹ nicht ab-
getan werden kann, abgesehen davon, daß eine solche
Forderung vor der Französischen Revolution ein anderes
Gewicht hatte als später, zeigt der Zusammenhang dieser
Kritik an kirchlicher und staatlicher Bevormundung mit
seinen politischen Plänen. Die politische Utopie, auch
wenn sie nur in Andeutungen formuliert wird, ist kein
Hirngespinst, sondern Ausdruck einer bestimmten Vorstellung vom Gang der Geschichte, die für Marquis Posa
und Don Karlos gilt und dem Geschichtsbegriff Schillers
in jenen Jahren entspricht. Es ist die Geschichtsauffassung
der Aufklärung, die bekanntlich von einem Fortschritt der

Menschheit zu immer größerer Selbständigkeit und Freiheit ausgeht. Das Erwachen der menschlichen Freiheit wird von Schiller in Anlehnung an Kant in seinem Essay *Etwas über die erste Menschengesellschaft nach dem Leitfaden der mosaischen Urkunde* bereits in die biblische Erzählung vom Sündenfall hineingelesen, der nun nicht mehr theologisch als Ungehorsam des Geschöpfes gegenüber seinem Schöpfer verstanden wird, sondern als erster Schritt des Menschen zur Befreiung von der Vormundschaft der Natur. Damit beginnt ein Prozess, der als beständige Aufwärtsentwicklung der menschlichen Gattung gedacht wird.

Diese Auffassung vom Gang der Geschichte bildet den Hintergrund für Posas utopischen Entwurf, der in Don Karlos vor allem den ›künftigen Schöpfer seines geträumten Staats‹ sieht. Schiller hat im dritten seiner *Briefe über Don Karlos* Inhalt und Voraussetzung der Utopie näher erläutert. Vor allem betont er, daß der Marquis ein ›tätiger, handelnder Mensch‹ sei, kein ›müßiger Enthusiast‹, daß er sich zu einem politisch denkenden, kühl kalkulierenden Menschen entwickelt habe, der nach einer Gelegenheit suche, seine Pläne in die Tat umzusetzen. Diese Gelegenheit bietet sich in Flandern. Schillers Aufführungen belegen, daß man Posas Rolle mit einer verharmlosenden Interpretation der ›Gedankenfreiheit‹ nicht gerecht wird. Zu Posas Einschätzung der Situation in Flandern heißt es: ›Alles findet er hier zu einer Revolution zubereitet‹. Posa ist als Revolutionär konzipiert, der einen gewaltsamen Umsturz der Verhältnisse plant, wobei es ihm jedoch primär nicht um die eigene Macht, sondern um die grundsätzliche Veränderung des politischen Systems geht. Posa träumt nicht von einer *Insel Felsenburg*, er will mit Hilfe des Prinzen eine ›unterdrückte Nation‹ befreien und dadurch die politischen Voraussetzungen für die Gründung eines Staatswesens schaffen, das den Prinzipien von Humanität und Freiheit verpflichtet ist und eine neue

Epoche in der Entwicklung der menschlichen Gesellschaft
einleitet.

Den Hintergrund der politischen Ideen Marquis Posas
bilden Gedankengänge Rousseaus und Montesquieus in
einer komplizierten Verbindung. Eine rousseauistisch ge-
färbte, individualistische Perspektive relativiert Montesquieus Frage nach Gesetz und Verfassung. Montesquieu
unterscheidet drei Staatsformen: Die Despotie, die auf
Furcht gegründet ist, die Monarchie, deren oberstes Prinzip die Ehre ist, und die Demokratie, die durch die Tugend ihrer Bürger besteht. Der Zusammenhang von
Staatsform und ethischer Einstellung erklärt den Tugend-
fanatismus Posas: ›Alle Grundsätze und Lieblingsgefühle
des Marquis drehen sich um *republikanische* Tugend‹. Die
Begriffe Freiheit und Tugend sind für Schiller keine reinen
Moralbegriffe, sie haben als republikanische Freiheit und
republikanische Tugend auch eine eminent politische Bedeutung. Die Liebe des Prinzen zur Königin erscheint in
so negativer Beleuchtung, weil Don Karlos nach Schillers
Auffassung um eines einzigen Menschen willen die Sorgen
der Menschheit aus den Augen verliert. Erst in zweiter Linie wird sie als Mißachtung aller Gesetze verurteilt. Diese
›fürchterliche Liebe‹, wie sie Don Karlos später selber
nennt, stempelt ihn zum Außenseiter, führt zu familiären
Konflikten, zur Zerstörung der Vater-Sohn-Beziehung,
die bereits durch das Drängen des Prinzen nach politischer Verantwortung schwer belastet ist.

Das Ziel Posas ist es nun, auf dem Umweg über die Königin die Empfindungen des Prinzen auf das republikanische Ideal zu lenken und die Liebe zur Königin in eine
Leidenschaft für die Revolution, für die Befreiung Flanderns zu verwandeln. Die Auffassung des Marquis erinnert an Plato, wenn er in der Liebe eine Macht sieht, die
den Menschen erniedrigen oder erhöhen kann, die seinen
Geist fesselt und belastet, wenn sie im Sinnlichen verharrt,
die ihn aber auch befreien und in das Reich der Ideen füh-

ren kann. Später wird für Schiller diese Fähigkeit, den Menschen von der Last des Sinnlichen zu befreien, Zugänge zum Reich des Geistes zu eröffnen und das ›Materielle durch Ideen zu beherrschen‹, zur wesentlichen Leistung der Kunst. Die Verwandlung der Liebe des Prinzen gelingt nur durch die Königin, die in diesen Dingen ganz unter dem Einfluß des Marquis steht. Für den modernen Leser oder Zuschauer verrät sie damit, ohne es sich einzugestehen, daß sie eigentlich Marquis Posa liebt. Sein plötzlicher Gefühlsausbruch, als er von ihr Abschied nimmt: ›O Gott! das Leben ist doch schön‹ macht ebenfalls offenbar, daß hier tiefere Beziehungen als die zwischen einem Politiker und seiner Regentin bestehen. Diese beiden nicht bewußte Liebe, die moderne Inszenierungen nicht verdecken sollten, spielt in Schillers Überlegungen zum *Don Karlos* allerdings keine Rolle, sie darf es auch nicht, denn eine stärkere Akzentuierung dieser Beziehung, die dramaturgisch nur die Funktion hat, die Königin für Don Karlos zu einem Leitbild republikanischer Tugend werden zu lassen und ihn für die Pläne des Marquis zu gewinnen, würde die ohnehin gefährdete Einheit des Stückes zerstören. Dazu erklärt Schiller im achten Brief: ›Und was wäre also die sogenannte Einheit des Stückes, wenn es die *Liebe* nicht sein soll und *Freundschaft* nie sein konnte? Von jener handeln die drei ersten Akte, von dieser die zwei übrigen, aber keine von beiden beschäftigt das Ganze.‹ Also muß noch etwas Drittes vorhanden sein. Dieses einheitsstiftende Dritte ist der ›Lieblingsgegenstand unsers Jahrzehents‹, der Entwurf einer Utopie, die folgendermaßen umschrieben wird: ›die höchstmögliche Freiheit der *Individuen* bei des Staates höchster Blüte‹ oder ›der vollendetste Zustand der Menschheit‹.

Schiller hat diesen utopischen Entwurf im Rahmen eines historischen Dramas in der Vergangenheit verankert. Damit wird nicht das 16. Jahrhundert verklärt, im Gegenteil, der Hof König Philipps von Spanien erscheint in kritischer Beleuchtung als Gegenbild zur Utopie des Marquis und seines königlichen Freundes. Daß mit der Utopie die historische Stimmigkeit verletzt und der Horizont der dargestellten Zeit verlassen wird, ist ein Einwand, mit dem sich auch schon Schiller auseinandergesetzt hat. Er legitimiert Marquis Posa nicht mit der Verteidigung richtiger oder falscher historischer Details, sondern mit dem Hinweis auf den geschichtlichen Augenblick, der im Drama Gestalt gewinnt und durch das Auftreten Marquis Posas erst in seiner historischen Bedeutsamkeit darstellbar wird. Es ist ein ›Zeitpunkt‹, wo ›Vorurteile mit der Vernunft‹ kämpfen, ein noch unentschiedenes Ringen ›zwischen Finsternis und Licht‹. Dargestellt wird also eine Zeitenwende, eine Epochenschwelle. Ein solcher Moment ist immer die ›Geburtsstunde außerordentlicher Menschen‹. Es muß nicht eigens betont werden, daß Schiller damit das Zeitbewußtsein seiner eigenen Epoche in die Vergangenheit projiziert. Aber diese Art von ›Horizontverschmelzung‹, um einen Grundbegriff Gadamers für das hermeneutische Verstehen hier anzuwenden, ist immer schon das Recht des Dramatikers gewesen. Durch die Gestaltung einer Zeitenwende wird die Geschichte zur wirkenden Macht, die das Schicksal der Figuren prägt. Die dramaturgischen Regeln folgende Zusammenfassung historischer Tendenzen in einem prägnanten Moment, in dem die Kollision zweier Zeitalter stattfindet, macht den *Don Karlos* zu einem Geschichtsdrama, auch wenn die Atmosphäre der Zeit, wenn ihre geistigen Voraussetzungen nach heutigem Kenntnisstand nur ungenau erfaßt wurden.«

Wolfgang Düsing: Das kühne Traumbild eines neuen Staates. Die Utopie in Schillers *Don Karlos*. In: Geschichtlichkeit und Gegenwart. Festschrift für Hans Dietrich Irmscher zum 65. Geburtstag. Hrsg. von Hans Esselborn und Werner Keller. Köln/Wien/Weimar: Böhlau, 1994. S. 196–199. – © 1994 Böhlau Verlag GmbH & Cie., Weimar.

WILFRIED MALSCH (geb. 1925) setzt sich 1990 in seiner Studie »Robespierre ad Portas? Zur Deutungsgeschichte der *Briefe über Don Karlos* von Schiller« mit Schillers Intentionen bei der Gestaltung des Posa auseinander:

»1859, als Marquis Posa unter vielen Liberalen Deutschlands noch als eine Lichtgestalt galt und weithin als Verkörperung der Gedanken Schillers über Freiheit, Recht und edle Menschlichkeit gefeiert wurde, entdeckt Julian Schmidt in ihm schon einen Robespierre ad portas:

> Posa ist eine Schöpfung von 1786; das Gemeingefühl der Welt krystallisirte sich mit all seinen Widersprüchen in dieser Figur. – 1789 trat sie in die wirkliche Geschichte ein, mit den nämlichen Widerspruchen, den nämlichen Illusionen, der nämlichen Einseitigkeit; prophetisch hatten die ›kritischen Briefe‹ 1788 auseinandergesetzt, wozu das Ideal führen müsse.

Schmidt formuliert bereits in nuce die künftige Posa-Kritik, soweit sie sich auf Schillers *Briefe über Don Karlos* und besonders auf den elften davon beruft. Auch die meist mit Schmidts Mahnung verbundene Maxime am Ende dieses Briefes – ›denn nichts führt zum *Guten*, was nicht *natürlich* ist!‹ – findet sich schon 1859 als ›Schlüssel zum Charakter des Posa‹, und zwar bei Emil Palleske, der mit ihr jedoch nicht den Marquis sondern die moderne Zeit kritisiert und ihn von daher rechtfertigt.

Daß ein aus abstrakter Vernunft geschöpftes Staatsideal ›nicht *natürlich*‹ sei und – wie im Bilde Robespierres zu lesen – dafür zu kämpfen deshalb ins Schlimme ausschlagen müsse, wird im zwanzigsten Jahrhundert zum Klischee der Posa-Kritik. Dagegen wechselt die Einschätzung, ob Schiller den Marquis schon von vornherein zur Warnfigur bestimmt oder ob er einen ursprünglich positiv gestalteten Posa erst nachträglich in seinen *Briefen* umgewertet habe. Diesen Standpunkt vertreten 1928 Max Kommerell und 1938 bis zu einem gewissen Grade Rein-

hard Buchwald; jenen seit 1951 André von Gronicka und
seine Nachfolger. 1983 zeigt Dieter Borchmeyer eine dritte Position. Für ihn entfernt sich die Analyse Schillers
›spekulativ‹ so weit vom Drama des Don Karlos, daß sie
nicht zu seiner Interpretation herangezogen werden sollte.
In den *Briefen* sei aus Posa ›ein anderer als im Schauspiel‹
geworden. Hier erst sei er ›Robespierre, der Unbestechli-
che, ante portas!‹.

Kehrt die Posa-Kritik von 1859 erst zwischen und nach
den beiden Weltkriegen wieder, und zwar als Reflex auf
die Totalitarismen unserer Zeit, so verbleibt die Mehrheit
der die *Briefe* einbeziehenden *Don Karlos*-Deutungen von
Anfang an im Bereich bloß ästhetischer Einwände und
Betrachtungen. Prominente Ausnahme ist Georg Gottfried Gervinus, der 1842 seine politisch-liberale Ausle-
gung der Dichtung auch auf die *Briefe* stützt. Seine Deu-
tung spiegelt noch die zeitgenössische Begeisterung für
Schiller als ›den Dichter des *Don Carlos*‹ und die positive
Rezeption dieses Dramas in der fortdauernden Aufklä-
rungstradition, wenn er das Drama auch nicht mehr als
Schillers Gipfel ansieht. Sie entspricht also noch Friedrich
Schlegels 1812 geäußerter Hervorhebung ›des eigentlichen
Revolutionsdichters‹ Schiller, aber auch Heinrich Heines
Würdigung in der *Romantischen Schule*, die hier folgt:
›Schiller schrieb für die großen Ideen der Revolution, er
zerstörte die geistigen Bastillen, er baute an dem Tempel
der Freiheit, und zwar an jenem ganz großen Tempel, der
alle Nationen, gleich einer einzigen Brüdergemeinde, um-
schließen soll; er war Kosmopolit‹ und ›endigte mit jener
Liebe für die Zukunft, die schon im *Don Carlos* wie ein
Blumenwald hervorblüht‹. Schiller selber sei ›jener Marquis Posa‹, der ›auch für das kämpft, was er prophezeit,
und unter spanischem Mantel das schönste Herz trägt, das
jemals in Deutschland geliebt und gelitten hat‹.

Der Freiheitskämpfer Posa alias Schiller und der von
Schiller uns zur Warnung gestaltete Robespierre ad portas

bezeichnen die Extrempunkte der Deutungsausschläge, zwischen denen sich ihre Geschichte abspielt. Allgemein gilt, daß nur für einzelne Urteile, die aber auf dieselben Zeitereignisse ganz verschieden reagieren und deshalb nicht verallgemeinert werden können, allenfalls historisch-individuell angebbare Gründe zu finden sind. Auch verbindet sich selten das politische Interesse mit dem ästhetischen Urteil so eindeutig wie im Fall des Gervinus oder der vom Nationalsozialismus inspirierten *Don Karlos*-Deutung. Es gibt konservative Verehrer und sozialistische Kritiker des Marquis und umgekehrt. Innerhalb der angegebenen Extreme geht es also bis in unsere Gegenwart in unregelmäßiger Weise hin und her, auch wenn im 19. Jahrhundert ein positiveres Posa-Bild vorherrscht, das aber keineswegs zu existieren aufgehört hat.«

> Wilfried Malsch: Robespierre ad portas? Zur Deutungsgeschichte der *Briefe über Don Karlos* von Schiller. In: The Age of Goethe Today. Critical Reexamination and Literary Reflection. Hrsg. von Gertrud Bauer Pickar und Sabine Cremer. München: Fink, 1990. S. 69 f.

Auch KARL S. GUTHKE (geb. 1933) befasst sich 1994 in seiner Don-Karlos-Studie im Kapitel »Der Künstler Marquis Posa: Despot der Idee oder Idealist von Welt?« mit der Figur des Posa als dem eigentlichen ›Helden‹ des Dramas:

»Der Künstler, als den die Audienz-Szene Posa präsentiert, ist ein Künstler im Medium der Politik, der Menschenführung, Menschenbehandlung. Was der König von ihm will, ist ihm ›gleich viel‹; was er selbst mit ihm vorhat, weiß er, und das genügt ihm. Also: Kunst oder auch Manipulation? Höchste schöpferische Freiheit oder ›Gewalttätigkeit gegen fremde Freiheit‹, gegen die Autonomie des anderen? Ästhetische Perfektion oder Lüge und Betrug? Gestaltung des interesselos Schönen oder Verfolgung philosophischer oder gar praktisch-politischer ›Zwecke‹? Solche Fragen stellen sich in *Wallenstein* (wo der Spieler sein Metier im Sinne der künstlerischen Souveränität der *Briefe über die ästhetische Erziehung des Menschen* betreibt, aber doch als *politischer* Spieler in der Arena der wirklichen Welt, spielend nämlich mit menschlichen Spielfiguren, die ihr eigenes Recht auf Selbstbestimmung besitzen); sie stellen sich ebenso in der Kern-Szene des Posa-Dramas, aber nicht nur dort, sondern auch im Verlauf des ganzen Stücks, im Vor- und Nachspiel zur Audienz, die dem Zuschauer allerdings die Augen dafür öffnet.

Das Stichwort zu Posas Selbstcharakteristik in der Audienz-Szene, die seine Handlungsweise vorher und nachher plausibel macht, ist das sprichwörtlich gewordene ›Ich kann nicht Fürstendiener sein‹ [3022 und 3065]. Unfrei ist der Fürstendiener, überspitzt gesagt, weil er nicht der souveräne Künstler sein kann. Als der spricht Posa, wenn er erläutert, daß die Leistung des Fürstendieners (›was ich leiste‹) in absolutistischen Zeiten, wie Schiller selbst sie in Württemberg unter Karl Eugen erlebt hatte, dem Fürsten gehört; der Mensch ist zum Bestandteil einer ›Maschine‹ instrumentalisiert, zum ›Arm‹ oder zum ›Muth im Felde‹ [3026] reduziert. Weder ist der Mensch *ganz* (so wie in den *Briefen über die ästhetische Erziehung* der Mensch ›ganz Mensch‹ sein soll) noch ist er Herr und Genießer seines Werks, und zwar charakteristischerweise seines *schönen* Werks: ›Die Schönheit meines Werks, / das Selbstgefühl, die Wollust des Erfinders‹ geht ihm verloren, wenn er nur ein Teilchen einer Maschine ist, ›besoldet mit Maschinenglück‹:

> Nicht meine Thaten – ihr Empfang am Throne
> soll meiner Thaten Endzweck sein. Mir aber,
> mir hat die Tugend eignen Werth. [Vgl. 3027–30.]

Es genügt nicht, diese Zeilen lediglich im Zusammenhang der zeitgenössischen Staats- und Moralphilosophie zu lesen, wie es in den Erläuterungen der Nationalausgabe ge-

schieht: ›Posas Tugendbegriff ist [...] orientiert an Montesquieus Begriff der politischen Tugend. Es sind die Tugenden des ‚homme de bien', des rechtschaffenen Menschen‹
(NA VII/2,428). Ausschlaggebend ist vielmehr das ›Selbstgefühl‹ des souverän *schöpferischen* Menschen, eben des
Künstlers, der seine eigenen Visionen in die Wirklichkeit
überträgt – nicht ohne dabei, ›gesättigt / von dem Be-
wußtsein meiner That‹, zugleich einem Egoismus oder gar
einer Eitelkeit zu verfallen, die der um Bewunderung buh-
lende Posa nur zu gut kennt:

> Mir aber,
> mir hat die Tugend eignen Werth. Das Glück,
> das der Monarch mit meinen Händen pflanzte,
> erschüf' ich selbst, und Freude wäre mir
> und eigne Wahl, was mir nur Pflicht sein sollte. [3029–33]
> Ich würde schwelgen von dem Königsrecht
> der innern Geistesbilligung –

Statt Instrumentalisierung und Selbstentfremdung geschieht in der künstlerischen Betätigung jene Vereinigung
von Pflicht und Neigung, in der Schiller in seinem an-
schließenden kantischen Jahrzehnt den Inbegriff des
Menschlichen sehen wird. Und wie der Mensch für Schiller in dieser Zeit nur und erst da ganz Mensch ist, wo er
Künstler ist, so folgt auch hier schon, wie erwartet:

> Können Sie
> in Ihrer Schöpfung fremde Schöpfer dulden?
> Ich aber soll zum Meißel mich erniedern,
> wo ich der Künstler könnte sein? [3034–37]

Vom berauschenden Selbstgefühl des eigenmächtigen, ja
selbstherrlichen Künstlers ist die Rede. Das ist gegenüber
allen Kommentaren festzuhalten, die nur auf die Substanz
von Posas menschheitlicher Mission hinauswollen. Diese
kommt vielmehr nur als eine Art Nachgedanke zur Sprache, abgetrennt durch zwei Gedankenstriche. ›Menschenglück‹ *nach* Künstlerfreude:

                                        Ich liebe
die Menschheit, und in Monarchieen darf
ich niemand lieben als mich selbst. [3037–39]

Interessant ist diese Selbstvorstellung Posas noch aus einem anderen Grunde: es wird in seinen Worten schon das
Kriterium geboten für die *Beurteilung* des Kunstwerks,
das ein solches des Lebens oder des Staates ist, ein Kunstwerk mit und für Menschen, wie Posa es im Sinn hat. Die
Autonomie des Künstlers darf die Autonomie des Menschen in seinem Kunstwerk nicht antasten, muß sie vielmehr zu seinem Gestaltungsziel, zum Sinn seiner Schöpfung machen. Eben das tut der Pseudo-Künstler Philipp ja
nicht, der nur mit Maschinenglück besoldet statt jedem
sein eignes Recht und auch seinen ›eignen Werth‹ zu lassen; was *er* versprechen kann, ist nicht ›Menschenglück‹
[3047]. Das verspricht hingegen der Künstler Posa: ›Darf
meine Bruderliebe / sich zur Verkürzung meines Bruders
borgen?‹ lautet seine rhetorische Frage [3059f.]. Das ist
deutlich genug; ähnlich hatte Max Piccolomini Wallenstein gerühmt:

    Und eine Lust ists, wie er alles weckt
    Und stärkt und neu belebt um sich herum,
    Wie jede Kraft sich ausspricht, jede Gabe
    Gleich deutlicher sich wird in seiner Nähe!
    Jedwedem zieht er seine Kraft hervor,
    Die eigentümliche, und zieht sie groß,
    Läßt jeden ganz das bleiben, was er ist,
    Er wacht nur drüber, daß ers immer sei
    Am rechten Ort[.] (*Picc.*, V. 424–432)

Doch wie Max schon gleich im nächsten Satz die Problematik solchen künstlerisch-spielerischen Verhaltens nichts-
ahnend signalisiert (›so weiß er aller Menschen / Vermögen zu dem seinigen zu machen‹), so ist Posa seinerseits
nicht von dem Verdacht freizusprechen, daß er als ein solcher Künstler in der wirklichen Welt Menschen nach seinem statt nach ihrem eigenen Bilde schafft; *er* führt

schließlich den Meißel. Der herrisch souveräne Schöpfer
zeigt sich denn auch sofort, wenn er gegen seinen politischen Herrn behauptet: der Mensch nach seinem Sinn sei
einer, der sich unter Philipps Szepter ›elend‹, nämlich re-
bellisch, fühle, und hinzufügt: ›So will ich ihn‹. Verstößt
Posa da, mit solchem Wollen des anderen, nicht schon
selbst gegen seinen eigenen Standard? Dem Regenten hält
er gleich darauf vor, er verletze seinen, Posas, Standard: *er*
schwelge in seinem Staatswerk, *er* dränge voran auf ›des
Ruhmes Bahn‹.

> Menschen
> sind Ihnen brauchbar, weiter nichts; so wenig
> als Ohr und Auge für sich selbst vorhanden.
> Nur für die Krone zählen sie. In ihr
> ging ihres Wesens Eigenthum, ihr Selbst
> und ihres Willens hohes Vorrecht unter.
> Zu einer Pflanze fiel der Geist.

Aber ist so sicher, daß der Ankläger seinerseits gerade als
der Künstler, als den er sich versteht, so anders handeln
würde – und wird? Hier ist es also im Stück selbst das Kriterium formuliert, nach dem auch Posa zu beurteilen wäre.
Entfremdet auch er das Ich des anderen sich selbst, macht
er es zum Werkzeug seiner Konzeption? Ist auch seine
Kunst ein ›Kaufen‹?
Ja, gibt Posa nicht gleich anschließend, in der Weiterführung seiner Selbstcharakteristik, bereits eine Demonstra-
tion solcher Manipulation seines Gegenübers? Die Audienz hatte er eingangs ja als Gelegenheit zur Betätigung
seiner Kunst bezeichnet, als Chance für ›des Bildners
Hand‹. Und wenn der König ihm jetzt seinen Verdacht
›Sie sind / ein Protestant?‹ auf den Kopf zusagt [3065 f.],
antwortet Posa in einer ausweichenden Weise, die ›nicht
ganz aufrichtig‹ ist, wie die Nationalausgabe versichert
(NA VII/2,431). Er spricht aus, was der König hören
will, und behält ihn dadurch fest in der Hand. Zur Lüge
steigert er das Ausweichen, wenn er gleich darauf un-

aufgefordert, ›die Hand auf die Brust gelegt‹, beteuert:
›Meine Wünsche / verwesen hier‹ [3074 f.]. Das tun sie
keineswegs: zu diesem Zeitpunkt hat Posa längst mit re-
alpolitischem Feldherrngeschick seinen (zwar erst später
eröffneten und dann von Alba anerkennend als diabo-
lisch bezeichneten) verschwörerischen Plan einer multi-
nationalen Aktion gegen Spanien mit Truppen- und Flot-
tenbewegungen unwiderruflich in Gang gebracht (V,8).
Posas Worte zu Philipp über seine Diskretion sind also
eine ›grobe Lüge‹. Er benutzt sie, um Philipp zu manipulieren, nach seiner Absicht zu gängeln. Kennzeichnend ist
aber, daß er gerade an dieser Stelle wieder zu einer
Kunstmetapher greift, um sein Wunschbild einer mensch-
heitlichen Zukunft zu beschreiben, der er mit dem Lü-
genmanöver dienen will: es ist sein ›Gemälde‹; ›Ihr Atem
löscht es aus‹ [3082]. Eine verlogene, zweckgeleitete
Schmeichelei auch dies. Kraß, für jeden Zuschauer mit
Händen zu greifen wird die Lüge, wenn Posa auf die
Frage des menschlich tief betroffenen Monarchen: ›Bin
ich der erste, / dem Sie von dieser Seite sich gezeigt?‹
antwortet: ›Von dieser – Ja‹ [vgl. 3082–84].
Der Künstler, als den Posa sich speziell auch für diese Begegnung konzipierte, dürfte gegen seinen eigenen Standard verstoßen. Um nur im königlichen Haus selbst zu
bleiben: von dieser Seite kennt ihn Karlos, kennt ihn die
Königin. Es ist zwar versucht worden, Posas Lügen so-
phistisch zu beschönigen: er könne als verantwortungsbe-
wußter Politiker ja nicht gut seine geheime Mission preis-
geben und erst recht nicht die Komplizen im Königshaus
selbst; auch seine Antwort auf die Frage nach seinem religiösen Bekenntnis sei ›situationsbedingt‹ zu verstehen und
sogar wahr ›sub specie ideae‹. Solche Schachzüge der Ar-
gumentation finden bei anderen, ebenfalls von Moralvor-
stellungen her argumentierenden Deutern keinen Anklang. Hinauszukommen ist über solche Subjektivität des
moralischen Urteils nur, wenn man Schillers eigenes

Stichwort versteht und Posas Handlungsweise nach dem Standard der Kunst und des Künstlers beurteilt, der in der Audienz-Szene selbst geboten wird.

Zur Ironie pointiert Schiller die Zwielichtigkeit der Künstlerexistenz noch, indem er Philipp in Posas intellektueller und persönlicher Kühnheit vor seinem repressiven Souverän ein hoföbliches Liebkindmachen (mit andern Mitteln) wittern und Posa darauf antworten läßt: man höre, der König sähe ›selbst in des freien Mannes Sprache nur / den Kunstgriff [!] eines Schmeichlers‹ [3093 f.]. Damit beschreibt Posa natürlich sein eigenes Verhalten in dieser Begegnung, nämlich seine Wahrnehmung der zufälligen Chance, Karlos als Werkzeug seiner Mission fallen zu lassen und den König selbst seinen Zwecken dienlich zu machen. Später wird er rückblickend der Königin gegenüber zugeben, er habe vorübergehend statt auf Karlos als Garanten des Menschenglücks in den Niederlanden auf den König gesetzt – und dann wieder auf Karlos. Das heißt, Posa tut in der Audienz genau das, was er gerade in dieser Gesprächsphase dem König noch einmal, seine menschliche Betroffenheit und Verwundbarkeit kaltblütig ausbeutend (›Sie brauchen Mitgefühl‹), vorwirft: er instrumentalisiert ihn; er tauscht ein Werkzeug gegen ein anderes aus, wenn auch nur in ›großer Uebereilung‹, im Gefühlsüberschwang des Schwärmers, und nur auf Augenblicke. Das sei eine ›offenbare Untreue‹ gegenüber Karlos, meint Schiller in den ›Briefen über *Don Karlos*‹: Posa, der Freund, sei ›schuldig‹, aber dem Weltbürger Posa könne ›vergeben‹ werden (NA XXII,156–157). Doch da ist im Auge zu behalten: Schiller will hier darauf hinaus, daß das Drama Einheit besitze dadurch, daß Posas, des Weltbürgers, Mission das übergreifende Thema des Dramas sei; sein Urteil über Posas Charakter ergibt sich also aus dieser höchst problematischen angeblichen Intention der ›Briefe‹, in denen er, wie er wußte, ›eine schlimme Sache zu verfechten‹ hatte (NA XXII,389). Tatsächlich ist an

Posas ›Verrat‹ an Karlos nicht zu zweifeln. Posa wäre also durch sein Manipulieren anderer Menschen der *falsche Künstler*, wie Philipp.«

Karl S. Guthke: Don Karlos. Der Künstler Marquis Posa: Despot der Idee oder Idealist von Welt? In: K. S. G.: Schillers Dramen. Idealismus und Skepsis. 2., um ein Zusatzkapitel *Zehn Jahre später: Schiller im Schiller-Jahr* erweiterte und bearb. Aufl. Tübingen: Stauffenburg, 2005. S. 145–149. – © 2005 Stauffenburg Verlag , Tübingen.

HANS-JÜRGEN SCHINGS (geb. 1937) schreibt in seinem 1996 erschienenen Buch *Die Brüder des Marquis Posa. Schiller und der Geheimbund der Illuminaten*:

»Tatsächlich hat denn auch Wieland die ›Critischen Briefe‹, im Unterschied zum ›Don Karlos‹, ›sehr bewundert‹. Auch Schiller begibt sich auf das Terrain, das der Diskurs über die Illuminaten aufgewühlt hat. Seine Ansichten versteckt er deutlich genug in der Psychologie einer Figurenanalyse. Was der XI. Brief über den Marquis Posa zu sagen hat, greift in die zeitgenössische Kontroverse ein, die wir gemustert haben. Die Zusammenhänge liegen auf der Hand.

Da ist also der fatale Befund: das ›gewalttätige und fehlerhafte Betragen des Maltesers‹, dergestalt, ›daß der uneigennützigste, reinste und edelste Mensch aus enthusiastischer Anhänglichkeit an *seine Vorstellung* von Tugend und hervorzubringendem Glück sehr oft ausgesetzt ist, ebenso willkürlich mit den Individuen zu schalten, als nur immer der selbstsüchtigste Despot‹; daß der ›ganz über jede selbstsüchtige Begierde erhabene Charakter‹ sich auf dem Weg zur ›Hervorbringung eines allgemeinen *Freiheitsgenusses*‹ in ›Despotismus‹ verirrt; daß ›bei den reinsten Zwecken und bei den edelsten Trieben‹ doch ›Willkürlichkeit in der Anwendung‹, ›*Gewalttätigkeit* gegen fremde Freiheit‹ und der ›Geist der *Heimlichkeit* und der *Herrschsucht* hervortreten. Und dies nicht etwa aus Zufall oder Schwäche, sondern mit Notwendigkeit. Despotismus aus ›Lauterkeit‹, Despotismus des Ideals. So lautet die paradoxe Problemlage. Das Beispiel des ›Ordensstifters‹ und der ›Ordensverbrüderung‹, das den Fall Posas beleuchtet, brauchen wir nicht mehr zu erläutern.

Fern von aller moralischen Entrüstung sucht Schiller nach einer Erklärung. Er findet sie in der Psychologie des Ideals, in der psychologischen Dynamik, die sich des Idealisten bemächtigt.

Ins Zentrum seiner Überlegungen stellt Schiller den Begriff des ›Ideals‹. Er rückt an den Platz, den sonst, wie zu sehen war, ›Aufklärung‹ oder ›Vernunft‹ einnehmen, und läßt diese Abkunft deutlich erkennen. Was nämlich das Ideal auszeichnet, sind Allgemeinheit oder Universalität, Abstraktion und Künstlichkeit. Damit gerät es in Opposition zum Individuum oder zur Individualität, zum Natürlichen, zum Herzen, zum Gefühl. Als kehre der alte Gegensatz von Kopf und Herz wieder zurück, steht mit dem Ideal die ›theoretische Vernunft‹ gegen das ›Menschenherz‹, die ›Eingebung des Herzens‹, das ›individuelle Gefühl‹, das ›natürliche praktische Gefühl‹.

Die Katastrophe kommt dann zustande, wenn sich die abstrakte Vernunft anschickt, ›ihren Weg *abzukürzen*‹, wenn sie der Versuchung erliegt, ›Individualitäten, die sie zerstreuen und verwirren, in Allgemeinheiten zu verwandeln‹. An diesem Punkt kommt Gewalt ins Spiel, die ›allgemeine Hinneigung unsers Gemüts zur Herrschbegierde‹, kurzum: Despotismus.

Gewalt des Abstrakt-Allgemeinen gegen das Individuell-Konkrete – nach diesem Modell war schon die Despotismus-Analyse verfahren, die Schiller für Philipp II. entwickelt hatte.

Posa selbst durchschaut diese Struktur, wenn er dem König vorhält:

Auch er [der gekrönte Sterbliche] war Mensch – er mußte
                              wie wir andern
durch den Behelf des Aehnlichen und Einen
das reiche All der üppigen Natur
dem schwachen Sinne künstlich zubereiten,
und im Geschlecht das Einzelne vertilgen. [III,10]

Der ›Abfall der Niederlande‹ übersetzt den dunklen Pas-
sus noch einmal: ›Allgemeine Glückseligkeit mit der
höchsten Freiheit des Individuums zu paaren, gehört für
den unendlichen Geist [...]. Der Mensch kömmt durch
Klassifikation seiner Beschränkung zu Hülfe, gleich dem
Naturforscher setzt er Kennzeichen und eine Regel fest,
die seinem schwankenden Blick die Uebersicht erleichtert,
und wozu sich alle Individuen bekennen müssen; dieses
leistet ihm die *Religion. Sie* findet Hofnung und Furcht in
jede Menschenbrust gesäet; indem sie sich dieser Triebe
bemächtigt, diese Triebe *Einem* Gegenstande unterjocht,
hat sie Millionen selbstständiger Wesen in ein einförmiges
Abstrakt verwandelt. [...] Das gemeinschaftliche Ziel des
Despotismus und des Priesterthums ist *Einförmigkeit,*
und Einförmigkeit ist ein nothwendiges Hülfsmittel der
menschlichen Armuth und Beschränkung.‹

Die Psychologie des Ideals nimmt die Strukturhomologie
auf. Auch hier bedeutet Despotismus Abstraktion,
Gleichschaltung der Individuen, Gewalttätigkeit der Vernunft – diesmal aus den besten, lautersten, edelsten Moti-
ven.

Schillers Entlarvung ist rücksichtslos und kennt keinen
Pardon. Sie zielt durchaus über den Marquis Posa hinaus
– auf alle, ›die sich auf einerlei Wege mit ihm befinden‹. So
mündet sie in die ›nie genug zu beherzigende Erfahrung‹,
›daß man sich in moralischen Dingen nicht ohne Gefahr
von dem natürlichen praktischen Gefühl entfernt, um sich
zu allgemeinen Abstraktionen zu erheben, daß sich der
Mensch weit sicherer den Eingebungen seines Herzens
oder dem schon gegenwärtigen und individuellen Gefühle

von Recht und Unrecht vertraut als der gefährlichen Leitung universeller Vernunftideen, die er sich künstlich erschaffen hat – denn nichts führt zum *Guten*, was nicht *natürlich* ist.‹

Man hat diese Schlußwendung mit ihrer Rückkehr zur
moral grace der schottischen Moralphilosophie so gelesen,
als probe sie schon den späteren Aufstand gegen den Ri-
gorismus Kants. Doch nicht Kant hat Schiller im Visier
oder Subtilitäten der Moral, sondern ganz anders geartete,
›helldenkende‹ Köpfe und ihren Despotismus. Die Ein-
sichten, zu denen sie ihn führen, blieben in Kraft. Alle Be-
mühungen um eine ästhetische Erziehung sind Variatio-
nen über das Thema, das der XI. ›Karlos‹-Brief angeschla-
gen hat. ›Freiheit zu geben durch Freiheit‹: erst in diesem
›Grundgesetz‹ des ›ästhetischen Staats‹ findet jede Form
der ›Alleinherrschaft‹, des Despotismus also, ihr Ende.«

Hans-Jürgen Schings: Die Brüder des Marquis Posa.
Schiller und der Geheimbund der Illuminaten. Tü-
bingen: Niemeyer, 1996. S. 184–186. – © 1996 Max
Niemeyer Verlag, Tübingen.

MICHAEL HOFMANN (geb. 1957) beschäftigt sich in seiner
Studie »Bürgerliche Aufklärung als Konditionierung der
Gefühle in Schillers *Don Carlos*« (2000) mit der Frage
nach dem Zusammenhang von Familien- und Ideendrama,
letztlich nach der Einheit des Stückes:

»Das Grundproblem jeder Beschäftigung mit Schillers
Don Carlos, dem Stück, das eine wichtige Nahtstelle in
Schillers dichterischer und ideologischer Entwicklung
markiert, liegt in der Frage, wie das Verhältnis zwischen
dem Familiendrama, dem ›Familiengemälde in einem
fürstlichen Hauße‹ (an Dalberg, 7. Juni 1784, NA, Bd. 23,
S. 144), und dem Ideendrama, der theatralischen Inszenierung des Kampfes um Gedankenfreiheit und politischer
Selbstbestimmung der flämischen Provinzen (und mit ih-

nen der ›Menschheit‹), zu bestimmen sein soll. Wie ist die
Gewichtsverlagerung zu verstehen, die sich im Laufe von
Schillers Arbeit an dem Drama ergeben hat und in deren
Verlauf der Marquis Posa zum ›Helden‹ des Stückes geworden ist – in einer Weise, die bei manchem Betrachter
Zweifel erweckt hat, ob der Titel des Dramas dessen Inhalt und Gehalt überhaupt noch gerecht wird. In der For-
schungsgeschichte ist eine auffällige Polarisierung festzu-
stellen: Während die eine Gruppe von Interpreten das pri-
vate Drama des Don Carlos in den Vordergrund stellt und
die mit der Figur Posas verbundene Dimension des auf-
klärerischen Kampfes gegen den Despotismus und den
Aberglauben vernachlässigt, deuten andere die ›Familien-
geschichte‹ als Beiwerk, das gerade von dem ›eigentlichen‹
ideengeschichtlichen und politischen Drama abzulenken
scheint. Und während das Interesse an einer variierenden
Aufnahme der Problematik des bürgerlichen Trauerspiels
in adeligem Milieu nachzulassen scheint, geht eine diffe-
renzierte Diskussion um die Bewertung der Figur des
Marquis Posa und um die Einschätzung der von diesem
repräsentierten Ideen weiter. Während vor allem die Rezeption des neunzehnten Jahrhunderts und eine sich an
diese anschließende ›engagierte‹ Lektüre von Schillers
Stück den ›progressiven‹ Charakter der Figur und ihrer
Ideen hervorhob und Schillers Position mit der des Marquis tendenziell gleichsetzte, mehren sich in der neueren
Forschung die Stimmen, die nicht zuletzt unter Berufung
auf Schillers distanzierenden Rückblick auf die Posa-Figur
in den *Briefen über Don Carlos* die Ambivalenz einer Position betonen, die im Namen universalistischer Prinzipien zu handeln beansprucht und dabei nicht davor zu-
rückschreckt, die konkreten Partner im Handeln und in
der Kommunikation zu schädigen und zu ›betrügen‹. So
tritt an die Stelle einer identifizierenden Bewunderung
einer aufgeklärt-engagierten Position die skeptische Be-
schwörung eines ›Robespierre ad portas‹, die Einsicht dar-

in, daß Schillers Stück eine Dialektik der Aufklärung beschreibt, bei der im Namen der Vernunft Herrschaft ausgeübt und willkürliches Handeln legitimiert wird.

Auch wenn die Differenzierungen der neueren Forschung schon Entscheidendes für ein unserer Zeit und unseren Erfahrungen angemessenes Verständnis des *Don Carlos* bewirkt haben, so bleibt doch auch in den neueren Forschungsbeiträgen die Frage nach der Einheit des Stückes, ja sogar nach der Beziehung zwischen den beiden zentralen Problemkonstellationen letztlich unbeantwortet. Es geht in den folgenden Überlegungen darum, eine These zu formulieren, die den *Zusammenhang* zwischen der familiär-privaten und der ideengeschichtlich-politischen Ebene des Dramas zu erhellen vermag. Diese These besagt, daß in dem Stück zwei Positionen aufeinanderprallen, die sich darum bemühen, das Verhalten des Prinzen Carlos in ihrem Sinne zu beeinflussen, und daß diese beiden Positionen zwei verschiedenen historischen Konfigurationen zuzuordnen sind, die auf verschiedene Weise das Verhältnis von intimen Beziehungen und politischer Herrschaft zu organisieren versuchen. König Philipp, so soll gezeigt werden, ist dem noch aus dem Mittelalter stammenden, in den absolutistischen Feudalstaaten der frühen Neuzeit aber noch mächtigen Prinzip der Allianz verpflichtet, das darauf beruht, daß eheliche Verbindungen nach dynastischen Interessen eingegangen werden und daß dabei emotionale Neigungen keine prägende Rolle spielen. Indem Philipp (der von Schiller bezeichnenderweise älter ›gemacht‹ wird, als es der historischen Gegebenheit entspricht) dem Sohn und Thronfolger die Braut ›wegnimmt‹, dient er den aktuellen Interessen der spanischen Krone, indem er die Verbindung mit Frankreich unmittelbar stärkt, und er schützt sich selbst vor eventuellen Ansprüchen des Thronfolgers, der mit der ›geeigneten‹ Gattin einen schnelleren Wechsel der monarchischen Führung (möglicherweise sogar gewaltsam) einfordern könnte. Bei der Verteidigung der mit dem Prinzip der Allianz begründeten ehelichen Gemeinschaft mit der Königin greift Philipp bedenkenlos auf Gewalt zurück, die im Rahmen seines Wertesystems legitim erscheint, wie im übrigen auch seine Erziehungsmaximen (Züchtigung) und Herrschaftspraktiken (›Bluturteile‹) zeigen. Während Carlos sich demnach einer im Interesse der Dynastie vollzogenen gewaltsamen Mißachtung seiner Gefühle gegenüber sieht, erscheint – vor allem vom Schluß des Dramas her betrachtet – die Position des Marquis Posa nur auf den ersten Blick als ein eindeutiger Beweis seiner vorbehaltlosen Freundschaft für den Thronfolger. Denn auch er will Carlos die Erfüllung seiner Liebe zu seiner Stiefmutter verweigern; nur verwendet er nicht die Mittel offener Repression, sondern versucht vielmehr, die affektive Zuwendung des Prinzen zu Elisabeth umzulenken in politische Energie zur Befreiung der niederländischen Provinzen. Mit einem Wort: Posa setzt an die Stelle des Allianzprinzips, das sich der unverhüllten Repression bedient und familiäre Verbindungen unmittelbar dynastischen Interessen unterordnet, eine bürgerlich-aufklärerische Sublimierungsstrategie, die, aus dem Objekt des sinnlichen Begehrens eine idealisierte Mutter macht und die sublimierte Liebe den Interessen einer aufgeklärten Politik dienstbar macht. *An die Stelle der repressiven Politik der Allianz tritt also die subtile Manipulation durch ödipale Sublimierung,* und der Übergang zwischen diesen beiden Formen der Instrumentalisierung privater Beziehungen zu politischen Zwecken wird in Schillers Drama dargestellt.

Die hier vorgestellte These kann somit begründen, warum das Drama zurecht den Titel *Don Carlos* trägt; ist es doch die Person des Thronfolgers, um deren Formung sich die alte und die neue Herrschaftsinstanz mit den ihnen jeweils spezifischen Mitteln bemühen. Plausibel gemacht werden kann auch die Wahl des historischen Ortes im Stück, weil das katholische Spanien des sechzehnten Jahrhunderts das

Allianzprinzip historisch authentisch verkörpern und Schiller das Zeitalter der Aufklärung als dasjenige ausweisen kann, das durch die Ablösung dieses Prinzips geprägt ist. Freilich ist die hier vorgeschlagene Perspektive mit einer Bestätigung der Positionen verbunden, die jegliche naive Identifizierung mit den von Posa verkörperten Prinzipien der Aufklärung zurückweisen. Schiller scheint vielmehr die Instrumentalisierung der ›Triebe‹ und ›Neigungen‹ des einzelnen zugunsten eines universalistischen Prinzips zu denunzieren und damit auf die Tendenzen verweisen, die heute unter den Stichworten ›Dialektik der Aufklärung‹ und ›Logozentrismus‹ Gegenstand einer kritischen Betrachtung sind. Der kritische Blick auf die Manipulationen im Namen von Fortschritt und Freiheit wird im übrigen noch dadurch bestärkt, daß Posa nicht nur im Sinne der ödipalen Sublimierung das Begehren Carlos' manipuliert, sondern auch nach dem Modell des Odysseus sein Handeln durch das Prinzip der List im Dienste einer ›höheren‹ Vernunft ausrichtet und damit andere zum Mittel seiner Zwecke degradiert.

Wenn die vorgetragene These durch eine Sichtung der Textbelege des Dramas plausibel gemacht werden kann, so ergeben sich aus ihr freilich wichtige Folgerungen. Zunächst erscheint die konventionelle Konzeption nicht mehr haltbar, die von einer ›Läuterung‹ des Don Carlos ausgeht und damit gewissermaßen die Position Posas und (teilweise) Elisabeths übernimmt, nach der die ›Überwindung‹ der Liebe zur Stiefmutter und die Hinwendung zur Befreiung der niederländischen Provinzen als eine Überwindung des Subjektivismus und als eine Annahme des objektiv Notwendigen (und insofern als ein Zeichen des Übergangs vom Sturm und Drang zur sich ausbildenden Weimarer Klassik) zu verstehen sein soll. Darüber hinaus ist einer hiermit zusammenhängenden These zu widersprechen, die in Elisabeth das affirmativ gezeichnete Modell der ›schönen Seele‹ und damit eine poetische Präfigu-

ration des Ideals der ästhetischen Erziehung erkennen
will. Zu zeigen ist vielmehr, daß es die Figur Posa ist, die
Elisabeth für Carlos auf diese Weise ›herrichtet‹ und daß
vielmehr ganz im Gegensatz zu der skizzierten Einschätzung aus dem Text des *Don Carlos* selbst ein vorwegge-
nommener Einspruch gegen die letztlich idealistisch kons-
truierte Einheit aus Neigung und Pflicht in der schönen
Seele abgeleitet werden kann. Folgt man diesen mächtigen
Überlieferungszusammenhängen widersprechenden Per-
spektiven, so muß auch ein Revisionsprozeß eingeleitet
werden, der eine allzu negative Zeichnung der Fürstin
Eboli in Frage stellt. Diese bisher als Intrigantin im Namen einer allzu unmittelbaren sinnlichen Neigung abge-
stempelte Figur kann als diejenige angesehen werden, die
sich den Mechanismen des Allianzprinzips und der ödipalen Sublimierungsstrategie widersetzt und von der Über-
zeugung ausgeht, daß die Bestrebungen des Begehrens
nicht von vornherein als illegitim angesehen werden können. Als ein Frauentyp, der gut in Wielandsche Texte pas-
sen würde (und dort mehr Gerechtigkeit erfahren hätte),
steht die Eboli für die sensualistische Tradition der Aufklärung, die sich über die feudalistischen und die entste-
henden bürgerlichen Konditionierungen der Sinnlichkeit
und des Begehrens hinwegsetzt, die sich freilich als ent-
täuschte und abgewiesene Liebhaberin zur Handlangerin
einer höfisch-klerikalen Kabale machen läßt und insofern
die Selbstbestimmung über ihr eigenes Handeln verliert.«

Michael Hofmann: Bürgerliche Aufklärung als Konditionierung der Gefühle in Schillers *Don Carlos*. In:
Jahrbuch der Deutschen Schillergesellschaft 44
(2000) S. 95–100.

VI. Schiller 2005: *Don Carlos an der Themse*

THOMAS KIELINGER berichtet in der *Welt* vom 26. Februar 2005 von einem Höhepunkt der im Schillerjahr vorgestellten Theater-Inszenierungen: der Aufführung des *Don Karlos* an der Londoner Bühne Gielgud Theatre:

»Schiller in der Shaftesbury Avenue – das ist das Londoner Theaterereignis der Saison schlechthin. Nur der Saison? Die Rezensenten überschlagen sich. Mit dieser triumphalen Inszenierung des ›Don Carlos‹ im Gielgud Theatre, ›rückt Schiller endlich ins Zentrum unseres Bühnengeschehens‹, resümiert Michael Billington, der Doyen der Londoner Theaterkritiker, um in einem dem Schiller-Phänomen insgesamt gewidmeten Essay im ›Guardian‹ nachzulegen: ›200 Jahre nach Schillers Tod muß man mit dieser Aufführung davon ausgehen, daß nach Jahren ritualisierter Teutonen-Verachtung Schiller vom insularen Britannien doch noch angenommen wird.‹
In der Tat, man hat selten ein so gebanntes Publikum erlebt wie bei dieser ›Don Carlos‹-Einstudierung des Crucible Theaters aus Sheffield, die jetzt ins Londoner West End transferiert worden ist. Drei Namen vor allem sind dafür verantwortlich: Michael Grandage, der Regisseur, der vor dem Hintergrund dämmrig-bedrohlicher Bühnenkargheit die Szenen und Auftritte wie Hieb und Stich sich ablösen läßt, der den tragenden Konflikt zwischen Freiheit und Tyrannei inszeniert. Dann die neue Übersetzung von Mike Poulton, der die fünfhebigen Jamben von Schillers Blankvers in poetische Prosa von großer kommunikativer Kraft verwandelt hat. Und Derek Jacobi, klassischer Mime und Filmstar (›Gosford Park‹, ›Hamlet‹, ›Der Tag des Schakals‹), der hier als Philipp II. in die Rolle seines Lebens hineinwächst. Ihm zur Seite lauter Spitzenbesetzungen auch in den übrigen Rollen.

Eigentlich gilt Schiller in England, außerhalb eines sehr kleinen Kreises von Kennern, als schlechterdings undurchsetzbar. S. T. Coleridge, Romantiker und großer Liebhaber der philosophischen Tiefen der deutschen Sprache, seufzte, der Schillersche Blankvers komme ihm vor ›wie eine Fliege in der Klebeflasche‹. Gedanken und Versrhythmus strebten allzu oft auseinander. Überhaupt: ›Da ist ein Zuviel in allem Deutschen. Es ist die nationale Unart.‹

Das ›Zuviel‹ an seinem ›Carlos‹ stieß bekanntlich schon Schiller selber auf, der sich über fünf Jahre an dem Drama abmühte, seinem Schmerzenskind. Er redigierte es von der ursprünglichen Überlänge der 7375 Zeilen auf 6282 Zeilen für die erste Buchausgabe 1787 herunter, um für die letzte Fassung von 1805 nur noch 5370 Zeilen stehen zu lassen. Auch mit dieser Länge hat es noch seine Not; sie verdankt sich nicht zuletzt dem doppelten Handlungsstrang der machtpolitischen Auseinandersetzung und dem Eifersuchts- und Liebesdrama, das sich mit teils kolportagehaften Zügen immer wieder nach vorne schiebt.

Was aber ist nun geschehen zwischen Schiller, dem Theaterkassen-Gift, und Schiller, dem Magneten, dessen ›Don Carlos‹ Abend für Abend das Gielgud Theatre füllt? Wie kommt es, daß die ›ritualisierte Teutonen-Verachtung‹ plötzlich nicht mehr anspringt und sich statt dessen ungefilterte Begeisterung breit macht über einen hier so gut wie unbekannten deutschen Bühnenklassiker? Das Schiller-Jahr und sein erster Höhepunkt – ausgerechnet an der Themse?

Die Meteorologie der Londoner Bühne hat sich verändert. Es ist die Zeit des politischen Schauspiels angebrochen. Das begann vor drei Jahren mit Tom Stoppards Trilogie ›The Coast of Utopia‹, gefolgt 2003 von Michael Frayns Willy-Brandt-Stück ›Democracy‹, darauf, im Vorjahr, David Hare und sein Irak-Stoff ›Stuff happens‹. Und nun ›Don Carlos‹. Die Menschen hören plötzlich genauer hin,

sie lassen den hohen Ton der Auseinandersetzung um
Prinzipien an ihr Ohr, wo sie vor Jahren eher abweisend
von ›zuviel Ernst‹ oder ›zuviel Theorie‹ gesprochen und
sich abgewendet hätten.

In keinem der genannten Stücke, erst recht nicht im ›Don
Carlos‹, ist etwas von ›comic relief‹ zu finden, dieser
Grundingredienz der britischen Theatertradition. Es do-
miniert das pure Drama um ›die Macht des Wortes‹ wider
›das Wort der Macht‹, wie Rüdiger Safranski es in seiner
Schiller-Biographie formuliert. Mit seiner Hauptfigur,
dem Infanten Carlos, hat Schiller ja nicht nur einen ver-
träumten Romantisierer gezeichnet, dem die Herzen des
Publikums wie einem Underdog zufliegen. Nein, gerade
diese Londoner Inszenierung arbeitet brillant heraus, wie
genau Schiller, der Advokat der Freiheit, auch die vulgä-
ren Machenschaften der Politik durchschaut und erfaßt.

Freiheit? Daß der Mensch sich nicht auf ewig in das Ver-
ließ der Unterdrückung einsperren läßt, ist das große poli-
tisch-philosophische Thema der Gegenwart; und daß der
Absolutismus, die Inquisition, sich heute in Gestalt mor-
dender Fundamentalisten zurückmeldet, die Herausforde-
rung der Zeitgeschichte. Ob Schiller in England ›an-
kommt‹ oder nicht, ist daher nicht mehr eine Frage alter
Stereotypen (›ritualisierte Teutonen-Verachtung‹), sondern hängt einzig an der Kunst der jeweiligen Aufführung, die Modernität eines Stückes wie ›Don Carlos‹ her-
auszuarbeiten.

Genau das ist im Gielgud Theatre gelungen. Die Dialoge,
die Wortgefechte, fesseln in ihrer aufregenden Relevanz.
Und Carlos wird von Richard Coyle ganz so gespielt, wie
Schiller die Gestalt schon in seinem berühmten Brief vom
14. April 1783 an den Meininger Bibliothekar und Freund
Wilhelm Friedrich Hermann Reinwald (seinen späteren
Schwager) beschrieb: ›Von Shakespeares Hamlet die Seele,
und den Puls von mir.‹ Das heißt: Sein Träumen (Shakespeare) wird beständig vom Wachruf der Idee (Schiller)

durchkreuzt, ohne sich ganz zur Tat durchringen zu können. Aber der politische Konflikt, das Kernthema, bleibt auch an diesem ›Frontabschnitt‹ der Psychologie scharf herausgearbeitet. Das bewahrt das parallel laufende Melodram vor Verselbständigung; es wird in den Sog des unaufhaltsamen Triumphs der Macht nur um so tragischer hineingezogen.

Die deutsch-britischen Beziehungen benötigen zu ihrer Aufbesserung keine neuen Regierungsprojekte, Propagandaoffensiven oder Medienmassagen. Sie brauchen nur die Aktualität Schillers und ein britisches Theater-Ensemble, das diese Aktualität in ein denkwürdiges Ereignis zu verwandeln versteht. Die Kunst bringt uns einander näher – ob ein Joseph Beuys mit seiner als sensationell empfundenen Werk-Retrospektive gegenwärtig in der Tate Modern oder ein ›Don Carlos‹ an der Shaftesbury Avenue. ›Der deutsche Shakespeare‹, überschreibt Michael Billington seinen eingangs zitierten Essay. Ein größeres Kompliment aus englischem Mund läßt sich nicht denken.

Thomas Kielinger: Don Carlos an der Themse. In: Die Welt. 26. Februar 2005. – © 2005 Axel Springer AG, Berlin.

VII. Literaturhinweise

1. Ausgaben

Schillers Werke. Nationalausgabe. Begr. von Julius Petersen, hrsg. von Lieselotte Blumenthal und Benno von Wiese, seit 1969 hrsg. von Norbert Oellers. Bd. 1 ff. Weimar: Böhlau, 1943 ff. [Zit. als: NA.] – Bd. 6: Don Karlos. Hrsg. von Paul Böckmann und Gerhard Kluge. Weimar: Böhlau, 1973. – Bde. 7 I und 7 II: Don Karlos. Hrsg. [...] von Paul Böckmann und Gerhard Kluge. 1974 und 1986. – Bd. 17 I: Historische Schriften. Hrsg. von Karl-Heinz Hahn. 1970. – Bd. 22: Vermischte Schriften (*Briefe über Don Karlos*. S. 137–178). Hrsg. von Herbert Meyer. 1958. – Bd. 23–25: Briefwechsel. Schillers Briefe. Hrsg. von Walter Müller-Seidel [u. a.]. 1956, 1989 und 1979. – Bd. 33 I: Briefwechsel. Briefe an Schiller. Hrsg. von Siegfried Seidel. 1989.

Friedrich Schiller: Werke und Briefe. 12 Bde. Hrsg. von Otto Dann [u. a.]. Frankfurt a. M.: Deutscher Klassiker-Verlag, 1988–2004. Bd. 3: Don Carlos. Hrsg. von Gerhard Kluge.

Friedrich Schiller: Sämtliche Werke. 5 Bde. Auf der Grundlage der Textedition von Herbert G. Göpfert hrsg. von Peter-André Alt, Albert Meier und Wolfgang Riedel. München/Wien: Hanser, 2004.

Friedrich Schiller: Don Karlos. Infant von Spanien. Stuttgart: Reclam, 2001 [u. ö.]. (Reclams Universal-Bibliothek. 38.)

2. Forschungsliteratur

Alt, Peter-André: Don Karlos (1787). In: P.-A. A.: Schiller. Leben – Werk – Zeit. Eine Biographie. 2 Bde. München 2000. Bd. 1. S. 433–465.

Becker-Cantanario, Barbara: Die »schwarze Legende«. Ideal und Ideologie in Schillers *Don Carlos*. In: Jahrbuch des Freien Deutschen Hochstifts 1975. S. 153–173.

Beyer, Karen: Staatsraison und Moralität. Die Prinzipien höfischen Lebens in *Don Carlos*. In: Achim Aurnhammer [u. a.] (Hrsg.): Schiller und die höfische Welt. Tübingen 1990. S. 359–377.

Böckmann, Paul: Schillers *Don Karlos*. Edition der ursprünglichen

Fassung und entstehungsgeschichtlicher Kommentar. Stuttgart 1974.
- Schillers *Don Karlos*. Die politische Idee unter dem Vorzeichen des Inzestmotivs. In: Wolfgang Wittkowski (Hrsg.): Friedrich Schiller. Kunst, Humanität und Politik in der späten Aufklärung. Ein Symposion. Tübingen 1982. S. 33–47.
- Strukturprobleme in Schillers *Don Karlos*. Heidelberg 1982. (Sitzungsberichte der Heidelberger Akademie der Wissenschaften; Philosophisch-historische Klasse, Jg. 182, Bericht 3.)

Bohnen, Klaus: Politik im Drama. Anmerkungen zu Schillers *Don Carlos*. In: Jahrbuch der Deutschen Schillergesellschaft 24 (1980) S. 15–31.

Düsing, Werner: »Das kühne Traumbild eines neuen Staates«. Die Utopie in Schillers *Don Karlos*. In: Hans Esselborn / Werner Keller (Hrsg.): Geschichtlichkeit und Gegenwart. Festschrift für Hans-Dietrich Irmscher. Köln [u. a.] 1994. S. 194–208.

Grimminger, Rolf: Die Ordnung, das Chaos und die Kunst. Für eine neue Dialektik der Aufklärung. Frankfurt a. M. 1990.

Guthke, Karl S.: Der Künstler Marquis Posa: Despot der Idee oder Idealist von Welt? In: K. S. G.: Schillers Dramen. Idealismus und Skepsis. Tübingen/Basel 1994. S. 133–164.

Hofmann, Michael: Bürgerliche Aufklärung als Konditionierung der Gefühle in Schillers *Don Carlos*. In: Jahrbuch der Deutschen Schillergesellschaft 44 (2000) S. 95–117.

Kittler, Friedrich A.: Carlos als Carlsschüler. Ein Familiengemälde in einem fürstlichen Haus. In: Wilfried Barner / Eberhard Lämmert / Norbert Oellers (Hrsg.): Unser Commercium. Goethes und Schillers Literaturpolitik. Stuttgart 1984. S. 241–273.

Koopmann, Helmut: *Don Carlos*. In: Walter Hinderer (Hrsg.): Interpretationen. Schillers Dramen. Stuttgart 1992. S. 159–201.
- Schiller-Forschung 1970–1980. Ein Bericht. Marbach a. N. 1982. S. 81–94.

Kufner, Stephanie: Utopie und Verantwortung in Schillers *Don Carlos*. In: Wolfgang Wittkowski (Hrsg.): Verantwortung und Utopie. Zur Literatur der Goethezeit. Ein Symposium. Tübingen 1988. S. 238–255.

Luserke-Jaqui, Matthias: Don Karlos – Briefe über Don Karlos. In: M. L.-J. / Grit Dommes (Hrsg.): Schiller-Handbuch. Leben – Werk – Wirkung. Stuttgart/Weimar 2005. S. 92–109.

Maillard, Christine (Hrsg.): Friedrich Schiller: Don Carlos. Théâtre, psychologie et politique. Straßburg 1998.

Malsch, Wilfried: Moral und Politik in Schillers *Don Karlos*. In: Wolfgang Wittkowski (Hrsg.): Verantwortung und Utopie. Zur Literatur der Goethezeit. Ein Symposium. Tübingen 1988. S. 207–237.

– Robespierre ad portas? Zur Deutungsgeschichte der *Briefe über Don Karlos*. In: Gertrud Bauer Pickar / Sabine Cremer (Hrsg.): The Age of Goethe Today. Critical Reexamination and Literary Reflection. München 1990. S. 69–103.

Mönig, Klaus: Despotismus und Freiheit. *Don Karlos*. In: Günter Saße (Hrsg.): Schiller. Werk-Interpretationen. Heidelberg 2005. S. 57–83.

Müller, Heiner: Leben Gundlings Friedrich von Preußen Lessings Schlaf Traum Schrei. In: H. M.: Herzstück. Berlin 1983. S. 9–37.

Müller, Klaus-Detlef: Die Aufhebung des bürgerlichen Trauerspiels in Schillers *Don Karlos*. In: Helmut Brandt (Hrsg.): Friedrich Schiller – Angebot und Diskurs. Zugänge, Dichtung, Zeitgenossenschaft. Berlin/Weimar 1987. S. 218–234.

Müller-Seidel, Walter: Der Zweck und die Mittel. Zum Bild des handelnden Menschen in Schillers *Don Carlos*. In: Jahrbuch der Deutschen Schillergesellschaft 43 (1999) S. 188–221.

Polheim, Karl-Konrad: Von der Einheit des *Don Karlos*. In: Jahrbuch des Freien Deutschen Hochstifts 1985. S. 64–100.

Reinhardt, Hartmut: *Don Karlos*. In: Helmut Koopmann (Hrsg.): Schiller-Handbuch. Stuttgart 1998. S. 379–394.

Schings, Hans Jürgen: Die Brüder des Marquis Posa. Schiller und der Geheimbund der Illuminaten. Tübingen 1996.

– Freiheit in der Geschichte. Egmont und Marquis Posa im Vergleich. In: Goethe-Jahrbuch 110 (1993) S. 61–76.

Seidlin, Oskar: Schillers *Don Carlos* – nach 200 Jahren. In: Jahrbuch der Deutschen Schillergesellschaft 27 (1983) S. 477–492.

Zymner, Rüdiger: Friedrich Schiller. Dramen. Berlin 2002. S. 61–77.

Erläuterungen und Dokumente

Eine Auswahl

zu Kafka, *Der Proceß.* 224 S. UB 8197 – *Das Urteil.* 144 S. UB 16001 – *Die Verwandlung.* 196 S. UB 8155

zu Keller, *Kleider machen Leute.* 116 S. UB 8165

zu Kleist, *Amphitryon.* 160 S. UB 8162 – *Das Erdbeben in Chili.* 168 S. UB 8175 – *Das Käthchen von Heilbronn.* 164 S. UB 8139 – *Die Marquise von O…* 128 S. UB 8196 – *Michael Kohlhaas.* 140 S. UB 16026 – *Penthesilea.* 160 S. UB 8191 – *Prinz Friedrich von Homburg.* 204 S. UB 8147 – *Der zerbrochne Krug.* 159 S. UB 8123

zu Klüger, Ruth, *weiter leben.* 174 S. UB 16045

zu J. M. R. Lenz, *Der Hofmeister.* 191 S. UB 8177 – *Die Soldaten.* 119 S. UB 16027

zu Lessing, *Emilia Galotti.* 159 S. UB 16031 – *Minna von Barnhelm.* 165 S. UB 16037 – *Miss Sara Sampson.* 109 S. UB 8169 – *Nathan der Weise.* 224 S. UB 8118

zu H. Mann, *Der Untertan.* 165 S. UB 8194

zu Th. Mann, *Mario und der Zauberer.* 119 S. UB 16044 – *Der Tod in Venedig.* 206 S. UB 8188 – *Tonio Kröger.* 104 S. UB 8163 – *Tristan.* 96 S. UB 8115

zu Novalis, *Heinrich von Ofterdingen.* 243 S. UB 8181

zu Schiller, *Don Karlos.* 240 S. UB 8120 – *Die Jungfrau von Orleans.* 163 S. UB 16053 – *Kabale und Liebe.* 174 S. UB 8149 – *Maria Stuart.* 214 S. UB 8143 – *Die Räuber.* 232 S. UB 8134 – *Wallenstein.* 236 S. UB 16051 – *Wilhelm Tell.* 195 S. UB 16052

zu Schnitzler, *Fräulein Else.* 118 S. UB 16023 – *Leutnant Gustl.* 118 S. UB 16017

zu Shakespeare, *Hamlet.* 264 S. UB 8116 – *Romeo und Julia.* 182 S. UB 16029

zu Storm, *Der Schimmelreiter.* 135 S. UB 8133

zu Tieck, *Der blonde Eckbert / Der Runenberg.* 91 S. UB 8178

zu Wedekind, *Frühlings Erwachen.* 204 S. UB 8151 – *Lulu.* 206 S. UB 16046

zu Zuckmayer, *Der Hauptmann von Köpenick.* 171 S. UB 8138

Philipp Reclam jun. Stuttgart